筑摩書房

再読だけが
創造的な
読書術
である

永田希

再読だけが創造的な読書術である

はじめに

はじめまして。もしくはお久しぶりです。読者がこのページを開くのは何度目でしょうか。本書に何が書いてあるかを予想しながら「はじめて」読んでいるのでしょうか。それとも、以前に読んだ記憶をたぐりながら、「再読」をしているのでしょうか。はじめて読んでくださっている読者もありがたいのですが、二度目以降に「また」読んでくださるのも嬉しいものです。

世の中には、同じ本を何度も読むひとがいます。そういう読書を知らないひともいます。そういうひとは、何度も読める本にまだ出会っていないだけでしょう。既に読んだことのある本を読み返す。それは前回までの読書で読み落とした部分を回収するためだったり、単に前回までに読んで気に入った部分を反芻するだけの行為かもしれません。

読み落としの回収、記憶の欠落や劣化の補塡、ノスタルジックで自己愛的な反復——そう書いてしまうと「再読」はネガティヴとまではいわないものの、どこか非生産的なニュアンスを帯びてきます。一冊でも多くの本を読むことが立派な行為だとしたら、再読する時間は新しい本を読むことにあてるべきだ、ということになるでしょう。しかし、読み落としや勘違いを確認してそれをただしたり、好きなフレーズを読み返すことには、それぞれの読者がそれぞれに過ごしている生により深く結びついた意味があります。

本を読みたくない、読んでいても途中で投げ出してしまう、と悩んだ経験のある読者、いままさに悩んでいる読者もいるでしょう。「読み返す」どころではない、と。しかしそんな読書スランプについて、この本では「仕方ない」こととして捉えています。読めないときは読めないものです。読書には抵抗を感じさせる要素がいくつか存在しています。読書スランプとは、その抵抗感に正直になっている状態です。本書でわたしは、この読みづらさを肯定しつつ、並行して「再読」を可能にする方法を模索しています。

そもそもわたしは『積読こそが完全な読書術である』でデビューをした人間です。「読めないままで読む」というのは、わたしの生涯のテーマといっても過言ではありません。

『積読こそが完全な読書術である』において、わたしは「ビオトープ的積読環境」の構築と、その営為としての「積読＝読書法」を提示しました。カタカナと漢字が長々と並んでいますが、何のことはありません。「書棚に並んだ本をメンテナンスしよう」ということを、イメージを膨らませて表現したにすぎません。

わざわざ「ビオトープ」という耳慣れないことばを選んだのは、わたしたちを圧倒し押し流そうとする情報の濁流に身を置いているという現状認識があるからです。書物のみならず映像、音楽、知識、ニュースの奔流にわたしたちはさらされています。そのなかに「小さな生態系」を造営しようというのがビオトープのイメージを採用した理由でした。

今度の本でわたしが「再読」について提示したいのは、書物の内側と外側でたがいに情報が結びついてネットワークを形成しているということ、読者がそれを組み替えて自分が生存可能な環境を再構築する（テラフォーミングする）ということです。「テラフォーミング」とは、火星などの地球外の惑星を入植可能にするために、テラ（地球）のように環境改変をすることを指します。現在の人類の科学技術ではとても不可能な計画でありながら、この事業は、現在から未来にかけての環境問題との取り組みにも関連します。

どんな読者も、何をどう読むかについて指図を受けることはできません。宿題や受験のために渋々と課題書を読まされている読者ですら、「正解」ではない読解をしながら「正解」の読解を辿ることができます。自分だけの読み方だと思っていても、その読み方は自分以外の何かに促されており、その意味では完全に自由ではありません。完全に自由ではないなかで、自分なりにどう読むかという話です。

書物は、そこに書かれている言葉たちのネットワークそのものです。そして、ある書物は以前に書かれ、また今後に書かれるであろう無数の書物たちとネットワークをなしています。読者は、書物のなかの言葉たちのネットワークを辿りながら、書物どうしのネットワークに踏みいっていきます。言語は社会的なものなので、読解のためには読者以外にその言語を使ってきたひとびとのネットワークを使う必要があります。なにより、ある書物は、書き手をはじめ、編集者や書店員、製紙工場、印刷製本業者、運送会社など無数の人々のネットワークを介して読者の手元に届けられます。裏方で機能しているこれらのネットワークは読書の際に不可欠でありながら、その存在を意識しつづけるのは難しいことです。

ましてや、再読を通して読者が自分で自分の接続しているネットワークを組み替えつつあるということを考えるのはもっと困難でしょう。目の前、手元で読みかえしつつある書物にそのときどきは夢中になるからです。しかしなぜその本を読みかえしているのか、その本のある部分をなぜ繰り返し読んでしまうのか、この問いはときどき向きあう価値のある問いです。再読という行為にメタ的に向きあうことは、自分自身に向きあうことだからです。

さて、ではそろそろ本書のだいたいの構成をご紹介しましょう。本書は全五章構成になっています。

第一章は、再読がセルフケアになりうることを書いています。現代社会は、そのなかで生きるわたしたちの「時間」をお金に変換して奪い取ろうとしていますが、独学や再読はそのような自分の時間を守る、ある種のセルフケアとして機能するのです。

第二章は、読書スランプの原因となる、「読書の困難」について概観します。読書の困難には「即物的で浅い困難」と、「抽象的で深い困難」とがあります。それは言い換えれば、本を手に取ったり読みはじめたりするときに感じる億劫さのようなわかりやすい困難であり、著者が読みとりやすく書くことを断念しつつ、それでもどうしても書いておきたかった謎のような文字列について正解を与えられないまま読み解くしかないという、わからないひとにはわからない深い困難でもあります。この読書の困難とどうつきあっていくか。それが再読のキモになります。

第三章では、忙しさや生産性、強い刺激に駆り立てられて「バーンアウト」（燃え尽き）しそうになりながら生きる現代人の問題を取り上げつつ、バーンアウトに向かう素朴な多読ではなく、自分の生きる時間を取り戻すための再読を模索します。その過程で、書物と読書をめぐるネットワークとテラフォーミングのイメージを提示します。

第四章では、古典を読むとき、ベストセラーを読むとき、あるいは何か新しいジャンルについて読書を広げようというとき、それぞれの場合に意識したい再読の方法を提示します。この章と次の第五章はいわば「実践編」です。

第五章では、二〇世紀イタリア文学を代表する作家イタロ・カルヴィーノ、『ロリータ』で知られる亡命ロシア人作家ウラジーミル・ナボコフ、現代日本で膨大な書物を紹介し続ける松岡正剛と斎藤美奈子の言説を紹介しつつ、テラフォーミングとしての再読について検討します。

この本は、ほかの多くの書物と同様に、どこから読んでも構いません。それどころか――このことを明記してある本をあまり見かけない気もしますが――どこで読むのをやめてくれても構いません。好きなときに読みはじめられて、好きなときに読むのをやめられる。それは本書に限らず、あらゆる書物の、あらゆる読書の本性だからです。書物という物体、読書という行為が本質的に有しているこの許容性を前提にしつつ、それでもあえてひとは先へ先へと読み進め、読まずに積んでいいのに読んでしまうし、読み捨てておいても良いものを再び読みはじめてしまうのです。

だから、「はじめに」はこう書いてしめくくりましょう。

本書は、どこから読んでも、どこで読み終えても構いません。しかし、何度も手に取って読みかえしてくれる読者がいれば著者としてこれ以上の喜びはありません。

目次

第二章

本を読むことは困難である

第三章
ネットワークとテラフォーミング

第四章

再読だけが創造的な読書術である

第五章

創造的になることは孤独になることである

第一章

再読で「自分の時間」を生きる

「自分の時間」が買いたたかれている

「独学」志向の現代

近年では『独学大全』が二六万部を超える大ヒットになるなど、いわゆる「独学」ブームが巻き起こっています。知らなかったことを知り、知っていることが増えることでさらに知らなかったことを知る。その喜びや楽しさを多くのひとが追い求めるようになっているのです。

なぜ「独学」が流行しているのでしょうか。社会を構成する人口の割合が高齢化し、定年退職者が増えて、余裕のできた時間に趣味で勉強をしたいというひとが増えたのでしょうか。就職活動のために、あるいは「良い会社」に採用されるために「良い大学」を目指すために必死で取り組んだ受験勉強から解放されたひとが、自分なりの「勉強」をしようとしているのでしょうか。公的な教育機関のカリキュラムをあえて選ばずに、自分なりの勉強を貫こうというひとは、その勉強によって何を得ようとしているのでしょうか。

知的好奇心を満たしたい、自己満足的な研究実績の達成感が欲しい、いざというときに意外な有用性を発揮するかもしれない、などなどその理由は十人十色でしょう。そもそも「独学」と自称しないで、ただひたすら読みたい本を読み続けているひともいます。

あるいは「独学」の流行は、義務教育から大学に至る公的な教育を信じられなくなったひとたちが、自助努力として自前の学びを求めていることの表れなのかもしれません。「良い大学を出れば良い会社に入れる」「良い会社に入れば老後も安心」という二〇世紀日本が生み出したスキームは、年金制度の安定性が疑われ、終身雇用が一般的ではなくなり、非正規雇用が一般化した時代にはもはや信じ抜くのが難しい幻想になりつつあります。

いずれにせよ、わたしたちは自分の時間を投資して、何かを得るためにあくせくと勉強しようとしているのです。「いや、自分はそんなにあくせくしていない」と感じる読者もいるかもしれません。なるほどたしかに、個々人の単位でみれば、あくせくしていないひともいるでしょう。それならば「時間を投資し、あくせく勉強しろという社会的な圧力がある」といえば客観的に理解が得られるかもしれません。この本は、そのような世情のなかでどう適応し、どう抵抗するかを模索する試みなのです。

時間貯蓄銀行の灰色の男たち

児童文学の巨匠ミヒャエル・エンデの傑作『モモ』には、「時間貯蓄銀行」の職員を名乗る「灰色の男たち」が登場して、主人公モモが暮らす町の住人たちから余裕のある時間を掠めとっていきます。銀行に蓄財して利息を得るように、「時間貯蓄銀行」に時間を預ければ、いつか利息つきで時間を引き出せるというのが「灰色の男たち」の言いぶんです。しかしこれは詭弁で、時間を騙し取られたひとたちは生活から余裕が失われていくばかり。大事な自分たちの時間を「灰色の男たち」に渡してしまったことを思い出すこともできません。「灰色の男たち」は彼らを騙して集めた時間を美しい花のかたちで保管しており、その花弁でつくった葉巻を燃やし、その煙を呼吸して生きています。

エンデは『モモ』について「現実世界のメタファーを描いたわけではない」と自分で解説しています。しかし、灰色の男たちと「時間貯蓄銀行」が人々の暮らしから余裕を削りとっていく様子には、エンデの意図や発言を超えて、現代人の生活のパラドックス（矛盾）がうつしとられているかのような強靭な現実感があります。

それにしても、自分の時間を他人に奪われてしまうというのはどういうことなのでしょうか。『モモ』の「灰色の男たち」はフィクションの存在でありながら不思議な実感を読者の胸中にもたらします。

現代日本では、アルバイト、派遣社員や日雇い労働で、時間給や日給をもらう仕事を経験するひとが少なくありません。そのときの感覚は、まさに時間を売り渡しているというものでしょう。いわゆるサラリーマンなら、一時間や一日単位ではなくひと月あたりいくらという長めのスパンになります。単位が大きくなればなるほど、小口で時間を売り渡している感覚は薄まります。時間を売っているのではなく、生活の一部を換金しているような感覚になるかもしれません。サラリーマンであれば勤続年数が積み重なれば積み重なるほど、仕事に人生を費やしたという感覚になるでしょう。

仕事を自分で作り出しているという感覚があれば、自分の時間や人生の一部を売り渡してしまっているとは思いません。自分にお金を払ってくれるひと、大体は雇用者（経営者）が作り出した仕事を、部下という立場に自分を切り詰めて遂行しているのです。自分の好きなように自分の時間を使うというのは、それだけ余裕があるということです。

読書も、誰かに強制されて読む場合には自分の時間を犠牲にしていると感じられるかもしれませんが、自分の好きな本を自由に読むとき、その時間は自分らしく、誰にも差し出していない時間だといえるでしょう。読書に引き込まれ、没頭してしまうときには、著者に時間を捧げてしまったような、被虐的な快感が湧くこともあります。そういうときはマゾヒスティックな悦楽のために自分の時間を費やすという能動的な側面があります。

時間を自分のために過ごしているのか、それとも、自分のものであるはずの時間を誰かに売り渡しているのか。ひとの一生と同じで、時間は、ひとたび過ぎ去ってしまえば二度と繰り返されることのないものです。生活のためにやむなく時間を売り渡してしまったとき、売り払った時間は、支払われるはずの対価に見合うことはありません。自分の時間を大切にするのであれば、誰も自分の時間を売り払いたくはないはずなのです。

「自分の時間」を生きることは自分と向き合うこと

どうすれば、自分の時間を誰かに売り払うことなく、自分の時間として味わうことができるのでしょうか。これは実はなかなかに難しい問題です。

よく「時間は誰にでも平等に与えられている」と言います。しかしそれは本当でしょうか。余命宣告をされた病人と、溢れんばかりの富と健康を謳歌しているひとが、おなじひと月、おなじ一日、おなじ一時間を生きていると言えるのでしょうか。一年以内に死んでしまうかもしれないひとが、生きられる日々を指折り生きるのと、死ぬことなど思いも寄らない幸福なひとが生きる日々が平等だというのは、にわかには信じがたい考え方です。

時間には、時計の進みかたのような客観的で物理的なものと、何時間とか何分と数値化して捉えるのが難しい主観的なものとがあります。読書に没頭してしまい、気がついたら夜が明けている、そんなときの時間の進みかたが主観的な時間です。実は、誰にでも平等に与えられているのは客観的な時間の方です。その時間を生きるひとの状態や心理が問題になるのは主観的な時間で、こちらは数値化されていないので平等かどうかを検討することもできません。

したがって「時間は平等に与えられている」と言われるときに問題とされているのは、傍目に、つまり客観的には同じ数値ではかられる平等な時間（一年、一日、一時間…）をそれぞれがどう生きるかということ――主観的な時間をどう生きるのかということです。

これは言い換えれば「自分」とどう向き合うかという話でもあります。時間給であれ日給であれ、月給であれ年俸であれ、売りに出すときには客観的な時間で量り売りされる客観的な時間を、主観的なものとしてどう生きるのか、ということです。

『モモ』の「灰色の男たち」は、複雑な数式を描いて町の人々をケムに巻き、「余分な時間」として彼らの余裕を奪い去ります。『読書について』で哲学者ショーペンハウアーは、読書とは「他人が書いたものを読むことで、自分の頭で考える代わりに他人の頭で考えること」だと説きました。自分の頭で考えないならば、いくら他人の頭で考えたところで、それは自分の頭で考えるのを避けていることと同じだ、というのです。

エンデは『モモ』で、人々の時間が「余分なもの」として数値化され搾取されやすいものだということを描きました。ショーペンハウアーは「自分の頭で考えること」を「他人の頭で考えること」よりも重要なことだと述べています。この「余分な時間」や「自分の頭」というのは、要するに主観的な時間のことです。エンデもショーペンハウアーも、この「自分」を尊重することを読者に語ろうとしていたのではないでしょうか。

「情報の濁流」が押し寄せる現代

エンデやショーペンハウアーがわざわざ「自分の時間」の大事さを主張する背景には、わざわざそのことを主張しなければ、「灰色の男たち」や「他人の考え」によって「自分の時間」が掠め取られてしまうという危機感があったのだと考えられます。

ショーペンハウアーが「他人の頭で考える」だけの読書を批判したのは、多くのひとたちが他人の書いたものを読み耽り、自分の頭で考えていないということを危惧したからでした。彼の時代には既に書物が大量に流通しており、良い本も悪い本も巷に溢れていたのです。同様の問題意識は、ショーペンハウアーよりも遥か以前のローマ時代の哲学者セネカが書いた『人生の短さについて』という本でも語られています。

コンテンツ産業が興隆した現代に生きるわたしたちは、ショーペンハウアーや彼ら以前の時代よりも多くの「時間泥棒」に取り巻かれています。一時間いくら、一日いくら、ひと月いくらで自分の時間を雇用者に買いたたかれながら、残った余暇の時間を映画、演劇、テレビ、オンラインのサブスクリプション動画サービス、SNSに、ときにはお金を払ってまで、差し出しているのです。

現代のこの状況をわたしは「情報の濁流」と呼んでいます。怒濤のごとく押し寄せる情報たちは、わたしたちの時間を奪って押し流していきます。気がつけば、のんびりと過ごす豊かな主観的時間を奪われ、廃墟のようになった自分の時間（人生）が残されるばかりです。その虚しさは、多かれ少なかれ、だいたいの現代人が実感していることでしょう。

自分の人生を廃墟にしないためにはどうしたらいいのでしょうか。押し寄せてくる情報濁流にどう向き合えばいいのでしょうか。本書でわたしが提案したいのは、ショーペンハウアーが「他人の頭で考える」ことでしかないと言った「読書」を通じて、どのように自分の時間を生きるべきか、ということです。自分の時間を蔑ろにして、自分の人生を廃墟のようにしてしまうことは、自分の生活を蔑ろにしてしまう「セルフネグレクト」状態と同じことです。「自分を無視する」という意味のセルフネグレクトは、読書においても避けなければならない罠のような態度です。

自分の時間、自分の考え方を蔑ろにしてしまうセルフネグレクトを避けるためには、情報の濁流のただなかに防波堤を築くことが肝要です。以前わたしは『積読こそが完全な読書術である』という本で、情報の濁流の中から自分の読みたい本を集めて、自分なりの積読環境を作ること、そしてその積読環境を絶えずケアすることを提唱し、この「防波堤を築くこと」をビオトープに喩えました。ビオトープについては『積読こそが完全な読書術である』を参照していただくとして、今回は「再読」によって自分を深めるということを提案したいと思います。

あなたにとって「良い本との出会い」とは何か

一冊でも多くの本に出会うということ

読書は良いこととされています。古典やベストセラーを読んでいないと、どこかうしろめたさを覚えることがあります。興味をもって買った本を読まずに積んでいると、何か悪いことをしているような気持ちになります。でも、世の中には読み切れないほどの古典があり、ベストセラーは毎年生み出されていきます。だから古典をたくさん読んでいるひとは尊敬されるし、一冊でも多くの本を読むことのできる速読や多読を勧める本が出版され続けているのです。

何かを学ぶとき、または何かを知りたいと思ったとき、重要なのは良い本と出会うことです。速読や多読は、一冊でも多くの本と出会うための方法としては悪くありません。読書の話とは少しズレますが、マッチングアプリなどを使うときにまず重要なのは「より多くのひととマッチングできるようにする」ことだそうです。相性の良いひとと「出会う」ためには、そもそも「出会う」絶対数を増やすべきであり、さもなければあなたにより深くマッチする誰かとも「出会う」ことができない、ということです。

読書についても、このマッチングアプリの使い方と同様のことが言えるのではないか、とわたしは考えています。誰かにとっての「良い本」とは、言い換えれば、その読者にとって相性の良い本ということになります。一冊でも多くの本に触れ、自分とマッチする本を見つけること。これが大事なことです。古典をたくさん読んだり、多くのひとが楽しんだベストセラーを手に取ったりするのは、自分とより良くマッチする相手（本）と出会うための方法なのです。

経済学と認知科学を統合し、ノーベル経済学賞を受賞した行動経済学者ダニエル・カーネマンは、その主著である『ファスト&スロー』で次のように述べています。

> ものごとを実行する段になったら、楽観主義はプラスの効果のほうが大きいだろう。楽観主義の最大のメリットは、失敗してもくじけないことである。（略）学術研究も失敗率が高く、楽観主義が成功に必須の分野ではないかと私はつねづね考えている。

（村井章子訳、下巻六六頁）

カーネマンは「楽観主義」を「危険に突き進みやすい傾向」として注意喚起もしているのですが、しかし「失敗に際してへこたれず、打ちひしがれても立ち直りが早く、リスクをとる性格」であることも併せて指摘しています。

マッチングアプリでも多読でも、より多くの相手に出会い、より多くの本を読むことで、失敗する数は当然ながら増えていきます。マッチングアプリであれば、失礼な相手や、会う前に期待していたのとは全く違う相手や、ハッキリと原因はわからないけれど何故か相性が悪い相手、会う約束をすっぽかす相手、などにひっかかることが「失敗」でしょう。読書であれば、難し過ぎて何を書いているのかわからない、あるいは反対に、知っていることしか書かれていない、難しくはないが相性が悪くて書き手の言いたいことが頭に入ってこない、などが読書における「失敗」です。

楽観主義のひとは、こういったケースを意に介さないものです。楽観主義のひとたちは「世の中には多くのひとがいて、世の中には多くの本がある、たまたま自分のもとにそのカード（相手、本）が巡ってきたにすぎない、要はそのときの運が悪かったのだ」と考えるのです。とはいえ、悪いカードばかりが回ってくる場合もあります。悪いカードが配られるのが運の悪さなのだとしたら、人生そのものの運が悪いように感じられる場合です。このような場合はどうしたらいいのでしょうか。

自分を見つめ直す

マッチングアプリでいえばプロフィールの書き方やプロフィール画像の選び方や撮影の仕方、いわゆる「釣書」が良くなければ、良い相手には巡り合えません。マッチングアプリで釣書を改良するのには「自分」を見直すという側面があります。

本を探す際にも読者である「自分」を見つめ直すのは有効です。自分が何をどう勉強したいのか、自分が知りたいことについて自分はどれくらいのことを知っているのか、これを見直す作業は有益です。就職活動でも、まず最初に自己分析をします。自分のやりたいことや得意なことを棚卸しせずに闇雲に多くの面接を受けてしまえば、撃沈を繰り返し、自己肯定感を失ってしまうことでしょう。

『独学大全』も全四部構成のうち最初の第一部は「なぜ学ぶのかに立ち返ろう」、次の第二部も「何を学べばよいかを見つけよう」と題されています。「なぜ学ぶのか」は言い換えれば自分がどうして学びたいのかを探ることであり、それはつまり学びたいと思う「自分」を掘り返すことです。そうやって地ならしをして、その上であらためて「何を学べば」という問題に取り組むことになります。独学をしようとして『独学大全』を手にとったひとが真っ先に知りたいと思っているであろう「どのように学ぶか」は、ようやく第三部で扱われるのです。

「「自分」を知る」ということは、「メタ認知」とも呼ばれます。「メタ」とはギリシャ語に由来する接頭辞で「上にある」とか「後ろにある」という意味です。「メタ認知」とは「認知の上にある認知」、あるいは「認知の後ろにある認知」ということです。自分がどのように振る舞っているのか、誰かと向き合うときに自分がどのように考え、どう行動しているのか。それを「自分」を離れて、上から見たり後ろから見たりする、それがメタ認知なのです。

「たくさん本を読むことができない」「たくさん本を読んでも良い本に出会えない」とも思っているならば、そう思っていることそのものが読書におけるメタ認知だと言っていいでしょう。そして実際、闇雲に多読をするよりも、メタ認知とともに読書にのぞむ方が有益な場合があります。

もっとも、メタ認知によって自分のことを分析していれば必ず良い本と出会えるというわけではありません。結局は運だからです。世の中には本が溢れています。日々、たくさんの新刊が出版されています。書店も図書館も、常にすべての本を利用者の前に揃えるなんてことはできません。それどころか、常に限られた在庫、限られた蔵書のなかから、そのときどきの陳列をせざるを得ないのです。その限られた機会に、運が良ければ良い本が並んでいるし、運が悪ければ良い本はそこにはない、ということです。魔法やおまじないで運を良くすることができるならば、良い本に出会う頻度は増えるでしょう。そんな方法があればわたしも是非とも教えて欲しいものです。

限られた機会により良い本に出会うには、どんな本を自分が探しているのかを知ることが大事です。ここでもやはりメタ認知です。しかし、それだけでは足りません。そのときどきには限られている機会をできるだけ増やすことが重要です。より多くの本に触れ、その都度、可能な限り、その本を自分がどれくらい求めているのかと自問してみる、その繰り返しなくしては、良い本とは出会えません。古典を手に取れば、世の中で良いとされている本に出会うことはできるでしょう。ベストセラーを手に取ってみれば、古典とはまた違った意味で、やはり世の中で高く評価されている本に出会ったことにはなります。しかしそれがあなたにとって良い出会いなのかはまた別のことなのです。

多くの本を「読み捨てる」ことは避けられない

読書論の古典『読書について』を書いたアルトゥール・ショーペンハウアーは「読書は思索の代用品にすぎない」と断言しています。ただしショーペンハウアーは、「思想家は多くの本を読まなければならない」とも書いています。誰もが思想家にならなければいけないわけではありません。ショーペンハウアーが思想家に多読を求める理由は、その思索に多くの材料が必要だと考えるからです。思索のための材料とは、本から得られる知識のことです。

情報技術の進歩した現代、知識を得るには本だけではなく、インターネット、テレビ、ラジオなどさまざまな経路があります。そのいずれもが怒濤のように押し寄せる情報の濁流の時代にわたしたちは生きているのです。多くの知識、多くの情報を得て、自分が何をしたいのかをはっきりさせたい――そう思うときに、その気持ちが窒息してしまいそうな環境、それが現代のわたしたちを取り巻いているのです。

したがって、本を探しながら、自分を見失わないように気をつけなければなりません。

たくさんの本のなかから自分に合う本を見つけるために、そのたびごとに限られた機会をできるだけ多く重ねて、できるだけ多くの本と出会うこと。ここで気をつけなければならないのは、一冊ごとに時間をかけすぎてはいけないということです。

　読書は、読むはしから忘れ去られてしまうものです。しばしば内容を勘違いして記憶してしまうことすらあります。ひとの脳には限界があり、脳の機能は自分勝手でときには制御不能だからです。これに対して、本、つまり書物は、読者が内容を忘れても消え去りません。本を読み直すときに、読者の思い込みや勘違いをただしてくれもします。読書が、書物と読者との対話だと言われることがあるのは、「自分」と本に書かれている内容が響き合い共鳴するからだけではなく、思い込みにより誤読されたり、何が書かれているのか読者がわからないというすれ違いが生じるからでもあります。

　読んでいる最中の本に何が書かれているのかわからないとき、ふとそこで立ち止まってよくよく吟味するのも大事なのですが、わからない部分を読み飛ばし、誤読したままでも仕方がないと割り切ることも重要です。何かの機会にまたその本を手にとるとき、その誤読を本の側が気づかせてくれるかもしれません。読者がその内容を忘れてしまっても消え去りはしないという書物の特性（物質性）が、読者に誤読や読み飛ばしを許しているからです。その寛容さに甘えて初めて、一冊一冊を少なくとも部分的には誤読しながら、内容を忘れながら、多読することが可能になるのです。

一冊一冊を大切に読まない態度は「読み捨て」と呼べるでしょう。しかし「読み捨て」が必ず悪である、というわけではありません。先述のとおり、良い本に出会うためには「読み捨て」を大量におこなうのが効率的です。ただひたすらに「読み捨て」を続けていくのも悪くはないかもしれません。

読み捨てられた側の本は、こう書くとどこか残酷に思われてしまうかもしれませんが、再び読まれることをじっと、何も言わずに待ち続けているのです。たくさんの他の本を読んでからまたその本に戻ってきた読者を、その本は、そこに書かれている以上のことは何も言わず、再び迎えてくれます。そのとき、うまくすれば読者は自分が忘れていた内容に再び出会い、誤読や勘違いをただされ、そして新しい読書をすることができます。こうして読書は深められていくのです。

ある本を読んだときに、その内容が難しいと思うなら、まだその本を読むタイミングではないのかもしれません。そこに書かれていることを受け入れる準備が整っていないのです。ある本を読む準備は、ほかの本が整えてくれるかもしれません。多くの本を読むことにはそのような意義もあるのです。いろいろな本を読めば読むほど、かつて読んだことのある本を読み返したくなるものです。そうして行きつ戻りつしながらたくさんの読書を重ねていくと、自分のなかに本と本との繫がりもまた積み重なっていきます。

読書とは、気がつけばその積み重なった世界のなかに分け入っていくことなのです。その世界の深みに向かうためには、まずは多くの本を「読み捨て」なければなりません。しかし本当に本を捨てるのではなく、少しずつ積み重ねていくのです。読書をするとき、あなたの前にも後ろにも、深い書物の森が広がっているそのことに気がつくまで。

情報が濁流のように押し寄せてくるなかで、無数の本を「読み捨て」ながら、どうすれば「自分の時間」を守れるのか、それが本書の課題です。それは激流のなかでもみくちゃにされながら、たまたま自分の眼前に流れてきた瓦礫にすがり、それを筏に作り替えていくようなことです。あるいは、故障して墜落しつつある飛行機のなかで、その飛行機を修理してふたたび飛翔しようとするようなことだとも言えるでしょう。

再読はセルフケアである

「現状維持バイアス」に抗う難しさ

あるいは「再読とはセルフケアだ」と言うことができます。カーネマンは『ファスト&スロー』で、人間の意識には直感的な「システム1」と、システム1より慎重な「システム2」があると仮定し、ひとはだいたいシステム1に従って行動し、ときには注意深くシステム2を使うと述べています。システム2は注意深い状態を指しますが、誰でもそうであるように、注意深い状態は長続きしません。これはひとによりますが、注意深さは遅かれ早かれ「枯渇」して、直感的な行動に支配されてしまうのです。

セルフケアとは、日々の生活のなかで損失をもたらす状態を避ける努力をし、より豊かに生きようとすることです。損失を避ける行為、そんなものは利己的な人類にとって誰でもそうするのが当たり前のことだ、と思われるかもしれません。しかし、損失を避ける努力がわざわざセルフケアと呼ばれ意識されるのはシステム2が疲れやすいから、つまり注意が「枯渇」して、生活が自堕落なシステム1（直感的行動）に満たされてしまいがちだからです。

ひとの生活はさまざまな要素の組み合わせで成り立っています。注意を欠いた直感的行動に支配されていても暮らしを円滑に進めていくために、ひとはよく考えずにその場その場で不快な思いをしたり損失を出さないような一連の行動を体得しています。これを心理学では「ヒューリスティック」と呼びます。日本語でひとことに言えば「経験則」です。

ヒューリスティック（経験則）は、深く考えて練られたものではないので、客観的あるいは中長期的にみれば、つまり「メタ」に考えればだいたい非合理的な偏りを含むことになります。このような偏りは「認知バイアス」と呼ばれ、近年はヒューリスティックや認知バイアスを分析し、より合理的に判断するにはどうしたら良いかという研究が広く知られるようになってきました。

認知バイアスのなかでよく知られているもののひとつに「現状維持バイアス」というものがあります。カーネマンが参照している実験に、利益を得られる簡単なギャンブルをするか、ギャンブルをせずに単に報酬を得るかを被験者たちに選ばせるというものがあります。ギャンブルの勝率が五分五分だとすると、ギャンブルをした場合に得られる利益の期待値は、ギャンブルに勝った場合に得られる利益の半分ということになります。一方、ギャンブルをしないで与えられる報酬の金額はギャンブルをした場合の期待値（勝った場合の利益の半分）よりも少なく設定されました。

この実験のルールの説明を読んだだけでもう面倒になっている読者は少なくないでしょう。こういう客観的な説明（思考）は面倒に感じられるものです。さて、実験の結果はというと、多くの被験者がギャンブルを避け、単に報酬を受け取ることを選ぶというものでした。このことからカーネマンは「直感的に得られる報酬のほうが好ましい」と被験者の多くが感じたのだろうと考えました。ギャンブルをした場合、勝てばより多くの利益を得られますが、負けてしまえば何も得られません。この「多くの利益を手に入れられない、何も得られない」ということが直感的に「損失」として捉えられ、その直感的損失を避けたのだと考えたのです。

さきほど、実験の説明としてギャンブルの期待値について書いた際、面倒に思った読者はまさに直感的に期待値の計算を避けようとしたわけです。ギャンブルに詳しいひとならば、すぐに期待値の計算をしていたかもしれません。しかし多くの被験者が直感的な損失を避け、少ない額であっても確実な報酬を選んだという結果に注目してください。

現状維持バイアスは、システム2を使えば気がつける利益があるとしても、システム1に従って目先の報酬が選ばれやすいということを指しています。なぜこれが「現状維持バイアス」と呼ばれるかというと、客観的な利益よりも目先の報酬を選ぶということは、それぞれの置かれた状況（現状）を変えた方が利益がある場合でも、日々の暮らしで得てきた平穏が直感的に優先され、現状を維持しようとしてしまうからです。

セルフケアにおいて現状維持バイアスが問題になるのは、自分（セルフ）の暮らしを見直して改善する（ケアする）ことが、現状維持バイアスによってさまたげられるからです。システム2を呼び起こし、客観的に改善をしようとしても、注意深くそれを実践する努力は面倒で億劫なものです。現状を維持したまま、なんとなくそれまでの暮らしを続けた方がいいような気がする、その「なんとなくそんな気がする」に抗うのは実に骨の折れることです。

再読について言うならば、普段から読み捨てばかりしているひとにとっては、恒常化した読み捨てを思いとどまり、読み返す本を探したり、その本を読み返すという行動に抵抗を感じるでしょう。また普段から再読をしているひとにとっても現状維持バイアスは無関係ではありません。読み慣れた部分だけを読んでしまい、読み返すたびに、いままで気づいていなかった記述を読み飛ばそうとするからです。

バンドワゴンと自分との対話

同じ本の同じ部分を繰り返し読んだり、とにかく多くの本を読み捨てるばかりのひとが、「なるほどこれは現状維持バイアスのせいで、より良い読書の機会を逃しているのだな」と思って、そのやり方を変えようとしてもやはり邪魔をする心理的機能があります。「押すな」と書いてあるボタンを目の前にすると、なんとなく押してみたくなったり、宿題をやろうとしているときに「宿題をやりなさい」と言われたりするとやる気が急速に失われてしまう、この原因は「心理的リアクタンス」と呼ばれています。何かの指示があると直感的に反抗したくなる、というものです。読書のやり方を変えようと思っても、その「指示」に内心が反発するのです。

また「システム正当化仮説」というものもあります。「これでやってこれたのだから、大丈夫」と自分の属する仕組み（システム）を正当化する心の動きです。自分の読書の仕方というものは、生活を構成するさまざまな要素の組み合わせ（システム）のなかで決められているので、読書の仕方ひとつを変えようとしても、関連する要素（睡眠の仕方、通勤の仕方、人間関係など）に予期しない不具合をきたす可能性があります。そういう場面にでくわすと、やり方を変えようという気持ちが削られていき、早々に萎えてしまうものです。「結局、もとのままがいちばん」というわけです。しかし果たして本当にそうでしょうか。

再読がセルフケアなのだとしたら、「結局、もとのままがいちばん」というのは、自分の置かれた環境に流されるままでもいい、という諦めにほかなりません。それは、再読をしたい、より豊かに読書をしたいという「自分」を諦め、無視することではないでしょうか。既に述べた通り、世の中は情報で溢れかえっています。その濁流に溺れている自分を無視（ネグレクト）してしまってもいいのでしょうか。

立ち止まって自分らしく生きることを検討しない、なんとなく他人に同調して行動してしまってもいいのでしょうか。情報の濁流は、あなたにさまざまな「人気作」や「古典」を提示してきます。多くのひとが認め賞賛するコンテンツは、それだけで魅力的に見えます。これは「バンドワゴン効果」と呼ばれ、マーケティングでも活用されています。行列のできるお店にさらにひとが並び、評判の高い作品はさらに評価されるといった現象もバンドワゴン効果の例です。商品としてコンテンツが人目に晒されている段階で、バンドワゴン効果は織り込み済みだとも言えるでしょう。多くのひとが楽しんでいるコンテンツを自分も楽しむということにはそれなりの価値があります。無数の感性のなかへと溶け込み、文字通り「我を忘れて」泣いたり笑ったりするその快感は否定できません。

しかし、そのまま「自分」のことを忘れ去っていいのでしょうか。あなたには、あなたらしい時間の過ごし方、あなたらしい生き方があるのではないでしょうか。刹那的な忘我の境地では味わえない、あなただけが味わえる、あなたの生の豊かさがあるはずです。あなた「らしく」というより、もっと強くいえば「あなただけが」味わうことのできる、あなたが生きている時間の豊かさです。

自分にしかわからない、自分の時間の味わい。それを堪能することは、しかし実は恐ろしいことでもあります。自分にしかわからないことがあるということは、他人に理解されないということでもあるからです。それは寂しく孤独なことです。寂しく、孤独で、しかし豊かであること。その豊かさを、自分以外の誰にも吟味されないということです。誰にも評価されず、自分と自分が対話する楽しみだけがそこにあります。ショーペンハウアーが『読書について』で読書そのものよりも重視した、自分との対話。

わたしはしかしショーペンハウアーに反して、「読書」で、つまり「再読」で、自分と対話する方法を模索したいと思います。これはある意味では社会不適合になっていく道です。やがてあなたの時間の尽きる時がきて、自分は誰にも評価されなかったと思うとしても、悔いなく自分の生を味わったと感じられるならば、他人がどう思ってもその「味わい」は損なわれません。

第二章

本を読むことは困難である

読書スランプに陥るとき

「言葉の解きほぐし」という行為

良い本と出会うためには多くの本を読むことは有効であり、そのためには一冊ごとに読み捨てを厭わないことが重要だと前章で説明しました。多くの本を読み捨てるにしても、自分に合わない本ばかりに向き合っていると疲れてしまうので、少しでも自分に合う本に出会うためには、メタ認知が大事です。情報の濁流のなかでメタ認知を意識し、ときには過去に読み捨てした本を読み直す。このような行きつ戻りつの繰り返しのなかで、より自分に合った本（自分にとっての古典）を探し、自分に合った読書を深めていくことができるようになるのです。そうすることで、自分の時間を何者かに奪われることなく、大事に過ごすことができるようになります。

そうはいっても、読書はそもそも難しい行為です。たくさん読書をしている猛者になると、「その難しさがたまらない」などといかにも猛者らしいことを言い始めたりしますが、逆を言ってしまえば、日々大量の読書をしているようなひとでも「読書は難しい」と思っているということです。読書に困難を感じないというのは、その「難しさ」を意識していないだけか、残念ながら「本を読めていない」か、ということになります。

どうして読書は難しいのでしょうか。読むという行為は、紙に書かれたり、電子機器に表示された「言葉」を読むということです。そして「言葉」とは単なる現実ではなく、現実の体験を抽象化したものです。読書とは、いったん抽象化されてつくられた「言葉」を現実の体験のように解きほぐしていく行為です。向き不向きはひとによりますが、この「言葉の解きほぐし」という行為がやすやすとこなせないときがあります。それが読書スランプです。

読書スランプに陥ってしまう可能性があるために、それを恐れて読書に対して腰が引けてしまう。目を落とした紙の上に、または電子デバイスの上に表示されているものが見えているのに頭に入ってこない状態。目に見えているのであれば、その視覚情報は視覚神経を通して脳に届いてはいるので、文字通りには「頭に入っている」のに、その文字や言葉を噛み砕くことができない状態。それが読書スランプです。

ひとつひとつの文字や言葉がわかっていても、それが文章になり、ひとつの書物としてまとまってくると、だんだんと「わからなさの粒度」が大きくなっていきます。ある本を読んでみて読後感として「全然わからなかった」とか、または一部分でもわからなかったりするとひとは不満や不快をおぼえます。それが連続して起きるようになると、読書スランプに陥り、しばらく本は読みたくない、表紙も見たくないということになります。

たとえば次の一節をご覧ください。映画化もされた小説『愛人 ラ・マン』で知られるフランスの作家マルグリット・デュラスの作品『アガタ』の冒頭です。

空き家になった家のサロン。ソファーが一つ。肘掛け椅子数脚。窓から冬の光が射し込んでいる。海の音が聞こえる。冬の光は靄がかかって、暗い。
舞台の間中、ほかに明かりはない。この、冬の光だけである。
男と女がいる。口をきかない。我々が彼らを見る前に、すでに随分話をしていたと想像できる。彼らの前に我々がいることに全く無関心である。壁とか家具に寄り掛かって、疲れ切った様子。互いに相手の顔を見ない。サロンには旅行鞄が二つ、コートが二着、別々の場所においてある。つまり彼らは、ここに別々に来たのだ。二人は三十歳である。二人はよく似ていると言える。

舞台は長い沈黙で始まるが、その間、二人はじっと動かない。口を開くときには、打ちのめされたような優しさ、深い優しさをもって話す。

（渡辺守章訳、九頁）


何の抵抗もなくこのくだりを読めるならば読書スランプにはまだ陥っていないと言っていいでしょう。ここだけでもうなんかイヤな感じがするというひとは既に片足を踏み入れています。そもそもわたしの書いているこの文章をかなりイヤな気持ちで読んでいる読書スランプの方もいるかもしれません。

書き出しの一文「空き家になった家のサロン」。この「サロン」がもうダメなひともいるかもしれません。ネイルサロンや美容室、日焼けサロンなどの日本語で一般化した「サロン」とは、もともとは談話室、応接間のこと。それなら「応接間」とか「談話室」と書けと思うかもしれません。しかし本作を書いたのはフランス人作家であって、日本風に「応接間」と書くよりも「サロン」と書く方が妥当だと翻訳者や編集者が判断したということです。

「サロン」で「もうダメ」になった読者は、フランス語圏の文芸作品に抵抗があるのかもしれません。あるいは、フランス語の作品を日本語へと翻訳する際にカタカナを多用する態度に嫌悪感をもったのかもしれません。しかし、さきほどわたしが書いたような「サロンはもともと応接間のこと」という少しだけ蘊蓄めいた知識を知らなくても、「なるほどサロンね（でもサロンって何だっけ）」と少しだけ疑問を脳裏に浮かべつつ読み進めるでしょう。

では引用部分末尾の一文や「口を開くときには、打ちのめされたような優しさ、深い優しさをもって話す。」はどうでしょう。「打ちのめされたような優しさ」にはまた引っかかるひとが多そうな気がします。「打ちのめされたひと」に対する「優しさ」ならば何も問題がないでしょう。「打ちのめされたひと」に優しくするのは当たり前だからです。しかし「打ちのめされたような優しさ」とはどんな「優しさ」なのかわからなくてイラっとしたり、そもそも「優しさ」に「〇〇のような」と説明がつくのが気に食わない読者もいるかもしれません。

もちろん、多くの読者は多少の違和感をおぼえても文章を読み進めます。違和感は読み進めるなかで忘れられたり、ときどき思い出したりしながら、たいていの読書は進められていきます。読書スランプは、少しの違和感も許したくない状態や少しの違和感にも耐えがたい状態なのです。

読書とは、そこに書かれた文字や言葉を読み解きながら進めていくものだと普通は考えられています。しかしこの『アガタ』の冒頭を読むときのように、「「サロン」って何だっけ、家の中のどこかだろう」とあたりを付けて読み飛ばしたり、「「打ちのめされたような優しさ」って何だ？　少し変わった表現だな」と保留したりしながら、疑問や違和感を忘れたり、無意識に思い起こしながら読み進めてもいるのです。違和感や疑問を感じたときに、あまりそれらを大きな問題として捉えないことが大事です。

なお、本作において舞台が「サロン」であることにはことさら大きな意味はありません。少なくともサロンがどこなのかわからないまま読んでも問題はありません。「打ちのめされたような優しさ」については、本作はもちろん他のデュラス作品を読むときにも思い出して良い、ある種のキーワードになります。誰かが他の誰かに優しくすることが難しいような状況にあって、それでもなけなしの優しさが滲み出るような場面をデュラスが描くことが多いからです。それが直感的に困難であり、だからこそ尊く、書き記し読み解かれるに値すると作家は考えているのかもしれません。つまり、この表現は躓いて当然のものとして書かれ、ここに違和感を覚える読者であればその困難ゆえの希少さを理解しうる可能性を持っているということになります。普通に読んでいたら読み飛ばすような些細な一部分に、作家の他の作品にも共通するようなキーワードが隠されていたりする。これは読書の楽しみであると同時に、こんなところをいちいち気にして読んでいられないという困難でもあるのです。

書物と権威

読書に親しんだことがないというひとは、読書スランプそのものの状態にあるか、あるいは読書スランプに近い状態にあると言えるでしょう。知らない単語に引っかかり、見慣れない表現に戸惑ったりして、いっこうに本を読み進められないという状態。じつはわたしもこの経験があります。書物にはどこか権威性があり、たかが紙の束が、なぜか偉そうなものに思えてしまう。それを読むということは、自分が尊敬してもいない相手を前にしておとなしく座り、相手の言葉に異を唱えることを許されず、ひたすら相手の言うことを聞かされる状態に近くなります。納得できないとしても、相手の言っていることがわかるならまだ我慢ができるでしょう。しかし何を言われたのかわからないのに、それについて聞き返すことも許されません。なぜなら書物は、そこに書かれていることとしか答えられない一方通行のものだからです。

わたしは読書が嫌いでした。いまでも本当は読書なんか嫌いなのかもしれません。読書スランプという言葉を思いついたとき、わたし自身が読書スランプだと思いました。

何かの本を読んでいるときは、知らない単語がたくさん出てきます。著者が何を言いたいのかわからない表現がたくさんあります。知らない単語についてはできるだけ調べるようにしていますし、違和感をおぼえて躓いた表現については折に触れて思い出し、反芻するようにしています。しかしこんな読み方を徹底しようとすると、本当に本が読めなくなります。気がつけば各種の図鑑と、絵画などの美術展の図録と百科事典や辞書、それからインターネットばかりを見ている自分がいました。何かを読んでいて気になった言葉が出てきたらそれをすぐに調べられるからです。

ひとは日頃から何かに接していると、次第にその何かに親近感を抱くようになる性質を持っています。多くの情報に接しているうちに、わたしは情報そのものに惹かれるようになりました。気になった言葉を調べまくったおかげで、本を読もうと思ったときに躓くことが減りました。こう書くと、まるで何かの能力を得たかのようですが、より深く知る可能性を失って鈍感になっただけとも言えます。知らない言葉をいちいち調べる勤勉さを手放して、代わりにある種の鈍感さを得た結果として、わたしは本を読めるようになったのです。

だから本を読めなかった過去のわたしが、今の本を読めるようになったわたしを見たら、書物の権威にこうべを垂れて「ご高説」を拝聴している腑抜けに思うかもしれない、とよく考えます。本というものに居丈高な印象を抱き、それへの反発が強すぎてとても読書などしていられないというひとがいるならば、わたしはその気持ちがよくわかる気がします。わたしにとって読書の困難とは、言葉の読み解けなさや、読み飛ばしたり違和感を忘れながら読むしかないということに加えて、権威を受け入れてそこに身を投げ出している情けなさを少なくともいったんは自分に許し続けるという屈辱にも起因しています。

読書のためらい

本を開く困難、読み終える困難、孤独になる困難

読書をすることのむずかしさはまだ他にもあります。たとえば本を手に取ることの億劫さ。表紙を開けば、そのあとは基本的に本を読むしかないわけです。本を手に取ること、本の表紙を開けることは、つまり読書をするひとつの小さな決断をしていることにほかなりません。ここで心理的リアクタンスが働いてしまうとどうなるでしょう。自分自身であるとはいえ、「本を読め」という指示がそこに現れることになります。本を読むことしか許されなくなった途端に、それに反発する気持ちが湧き出します。

また、一冊の本を読みはじめたは良いものの、今度はいつ読み終えたらいいかがわかりません。やめようと思えばいつ読むのをやめてもいいはずです。しかし先述のような葛藤を経て読み始めたものをなぜわざわざいま読み終えるのか、いま読むのをやめるならそも

そも読み始めなければよかったじゃないか、せめてもう少し読んでみよう……といった気持ちの動きが面倒くさい。読書をベッドでするようにしていて寝落ちしているというひとは、この「読むのをやめるタイミングを決断する」のを避けているからではないでしょうか。

そしてたまに見聞きし、わたしもよく共感するのが、「読み終えたくない」から読まないというケース。料理を食べるときに好きな具材を最後までとっておくように、「あとのお楽しみ」とばかりに読むのを先延ばしにするのです。本は、食べたら胃のなかに消えてしまう食べ物と違って、読み終えても無くなりはしないので、それこそ本書でわたしが勧めている「再読」をまた楽しみにすればいいところをなぜかあとまわしにして、ますます手に取る機会を逃してしまう。

それから、言葉を絶えず読み解くという読書行為が脳を疲れさせてしまう「読書疲れ」。同じ行為を続けているとイヤになるのも人情ですから、何かの本に没頭したあとは他の本を読みたくないという気持ちになるのも当然です。頭の疲労感がイヤで、今後はもう何も読みたくないと思ってしまうひともいるでしょう。

そしてよくあるのが、いろんなひとからいろんな本を薦められて、どれから読んだらいいのかわからないというケース。いつかすべて読むつもりならば、どれからでもとにかく読み始めればいいのに、読む順番を考えたり、そもそも読みきれないかもしれないと心配になって読み始められないというパターンです。具体的な誰かに薦められていなくても、日々多くの書物が商品として世の中に売りに出されており、その宣伝合戦は苛烈さを増しています。情報の濁流のなかで、さまざまなコンテンツのなかから一冊の本を選ぶのは確かに困難でしょう。

最後に挙げる「読書の困難」は、書物は読めば読むほど孤独になっていくというものです。進化心理学者であるロビン・ダンバーの『なぜ私たちは友だちをつくるのか』によれば、友達が多いひとほど寿命が長く、健康に生きられるというデータがあります。少し考えればわかることですが、親しい誰かが多いほど自分が困っているときに助けてもらえる可能性が高まります。心身ともに困っているときに誰かが助けてくれるならば、生命の危険に晒されても生き残る確率は高まります。逆に言えば、孤独になり友達を失うことをわたしたちは多かれ少なかれ無意識に避けるものなのです。

読書をすると孤独になるという主張は意外に思われるかもしれません。同じ本を読めば感想を共有できるし、そんな感想を交換して友情が深まるということもあります。だからひとはほかの誰かに自分の選んだ本を薦めたりするわけです。しかしものの見方はひとそれぞれです。ある本の読み方、ある場面の理解をめぐって「解釈違い」が生じてしまう可能性は原理的に不可避なのです。もっとも、そのような解釈のズレをつきあわせて語り合えるならば、仮に本人たちが喧嘩をしているように傍目に思われても、それは喧嘩するほど仲がいいというものかもしれません。問題は、読んでいる最中の気持ちです。そこに書かれていることを読み解いているのは、そのときどきの読者ただひとりです。その書物を生み出した著者や編集者が何を考えていたかも含めて、読者は他人の考えや、他人が考えたものを「読み解く」わけですが、その解釈が正しいかどうか、著者や編集者の考え方と一致しているかどうか、他の誰かと共有できるものなのかどうか、決して確認することはできません。

ひとは本を完全に読むことができない

ひとは「AかBか」と選択肢を出されると、そのふたつの選択肢から選ぶということに注意を独占され、CやDといった第三、第四の選択肢があることに思い至りにくいものです。与えられたもののなかから選ぶことよりも、与えられていないものについて考えることが億劫だからです。

ある本を読むか読まないか、という二択を差し出されたときも同様です。あなたはこの本を読みますか、それとも読まないことを選択しますかと尋ねられたら、誰だって読むか読まないか、その二択のどちらかにしか回答のしようがないと思うでしょう。しかし読書には「読書するか／読書しないか」の二択以外の選択肢があります。読者は書物を前にして、「読む」か「読まない」かというたった二つの単純な回答を避け、「どのように読むべきか」「どのように読まざるべきか」という第三、第四の回答を提案すること。それが本節で試みることです。

わたしはかつて「本は読まないで積んでおくだけでいい」と主張する『積読こそが完全な読書術である』という本を書きました。読書の速度より本を手に入れる速度の方が速くてどうしても積読をしてしまい、それをうしろめたく思っていたひとたちにとって拙著はある種の福音になったようです。

わたしは書物の本質として「完全に読まれることがない」ことを重視します。どんな読者でも、ある書物を完全に読むことはできないのです。つまりひとは読書スランプから完全に抜け出すことはできません。「一度読んだことのある本の内容は決して忘れないから同じ本を二度読むことはない」と豪語するひともいますが、そういうひとは自分の隠れた読書スランプを自覚していないのです。

ではこの読書スランプを、わたしたちはどのように超えていけばいいのでしょうか。あるいは、わたしたちは読書スランプを抱えたままどのように読書をしたらいいのでしょうか。あるいは、さらにこう問い直すこともできます。わたしたちはどのようにして、「読まない」ままで「読む」ことを実行できるのか、と。

ひとは本を完全に読むことができない、どうしても常に読み落としをしてしまう、だから積読こそが完全な読書術であるというのがわたしの主張したことでした。積読という行為は読書の特殊な形態なのではなく、一般に読書と呼ばれている行為が、書物の側から見て「人が読む」という積読のなかのいち状態に過ぎない、と指摘したのです。

翻せば、読書という基本的に人間の行為として考えられるものについて、書物の側に視点を置いて考えてみるという提案です。普通の読書術を期待した読者からは当然ながら反発を受けました。しかしそもそも書物とは、読み切れない豊かさを保持して、ときにはひとの一生よりも長く存在し続けることを期待して作り出された技術です。どうしても人間中心主義的に考えたいのであれば、わたしの主張は、書物という人間ならざるものの視点からというよりも、その書物という技術を生み出した先人たちの意図にのっとったものだと考えても構わないでしょう。

すこし話が壮大になり過ぎました。ともあれ、わたしたちは目の前の書物を読むかどうかというその瞬間だけに生きているのではなく、誰かが生み出し、他の誰かによって引き継がれてきた書物と読書の連続体のなかにあります。わたしが情報の濁流と読んでいるのは、この書物と読書の連続体の最新の姿です。大量のコンテンツが日を追うごとに数を増やしながら増殖し、自分と共に時間を過ごせと呼びかけ誘惑してくる、そんな環境です。この環境のなかで、わたしたちは読書を含めたコンテンツに向き合うのに疲れ、読書なんてウンザリと感じているわけです。

積読の立場から言えば、わたしたちはこの社会で情報の濁流にもまれて生きているだけで既に「読まない」ままで何かを常に「読み」ながら生きているということになります。読書の難しさは、情報の濁流に逆らって自分なりに読む対象を選び、自分なりの読み方をするという億劫さにあるのかもしれません。読書スランプとは、つまり情報の濁流に流されていることであり、また情報の濁流に逆らうのに疲れていることなのでしょう。

読書スランプを抱えたままそれを超えるということは、情報の濁流のなかにありながら、それに疲れつつ、それでもどうにかして読むために、あるいは読まないために、どういう方法が可能なのかという話です。

『積読こそが完全な読書術である』でわたしは、情報の濁流をひとつの巨大で自己増殖する積読環境として捉え、そのなかに読者各自のビオトープ的な積読環境を造営することを提案していました。読者各自が自律的に手を入れて育て、維持する積読環境をつくることで、その外側にある情報の濁流に抵抗するというモデルです。

読書が億劫であるというのは、環境に抗って自律的環境を構築し維持することに疲れているからにほかなりません。もしくは、そのように疲弊することを恐れているのです。

まず、本を手に取ること。それを読み始めることが億劫であると感じたとき、その感覚が正当なものであることを思い出しましょう。書物は「いつか誰かに読まれるため」に書かれてはいますが、その「誰か」があなたであるとは限りません。その本は、情報の濁流によってたまたまあなたのもとへ押し寄せてきただけのものかもしれません。その本は、限りあるあなたの時間を浪費するかもしれません。

ためらいを繰り返す

いまあなたが手にしている書物は、読まずにとっておいて、あるいはどこかへ売り飛ばしてしまった方が良いものかもしれません。このためらいを繰り返し、それでもなおどうしても読みたいというものが現れるのを待ちましょう。大事なのはためらうこと、そして待ち受けることです。何度もためらいを繰り返しているうちに、ためらいに慣れている自分に気がつきます。

このためらいは、読書を始めてからも繰り返し襲ってきます。読むのをやめてしまおうかという誘惑です。この誘惑には素直に従うべきでしょう。だんだん、読むのをやめたのにまた読み始めたりしたくなります。自分のためらいに慣れてくると、誘惑が訪れたときにそれに従うのが、それまで妥当だったのかどうかわかるようになります。読書への誘惑、読むのをやめることへの誘惑、どちらについても種類や質があることがわかってくるのです。ある本を読むタイミング、ある本を読むのをやめるタイミング、自分なりの体感というものを自覚できるようになります。そのタイミングを待ち受けるのです。これを自覚するまで繰り返していると、やがてこれから手に取る本が初読の本なのか再読の本なのかわからなくなってきます。刊行されたばかりの本でどう考えても初読の本でも、そこに書かれていることを前にもどこかで読んだことがあるような気持ちになってきます。あるいはあきらかに前に読んだことがある本なのに、初めて目にするフレーズを見つけたりします。

ひとは、自分に都合の良い情報に気を取られてしまい、複数の情報があるときに自分に都合の良い情報にしか意識を向けないという自分勝手な性格があります。初読の本が再読のように感じられるとき、自分が興味を持っている部分に意識を取られ、その本に書かれている新しい情報に気がついていないのかもしれません。再読の際に新しい情報に気がつくのは、前回読んだときと現在とで自分の関心が変化していて気がつく部分が変わっているのでしょう。

自分の関心に変化がなければ、同じ情報を拾い続けてしまう。そうなのだとしたら、異なる本を何度繰り返し読んでも、同じ本を何度繰り返し読んでも、得られる情報は変わりません。自分の関心を満たす情報を繰り返し摂取することは、ある種の信念を強める以上の意味はありません。もっとも、ひとは刻一刻と変化しているので、その変化の差分をつくようにして新しい情報が現れることもあります。また、読んだ（読み飛ばした）そのときに意識に残らなくてもサブリミナル効果のように無意識に残り続けて、のちの別のタイミングで浮上してきて意見を変える情報もあります。書物が書架に眠りながらいつか読まれることを待つように、読者の無意識に情報が眠り続け、いつか意識のなかへ浮上することを待つということもあるのです。読み飛ばしに限らず、読んだときに反発を覚えた内容についても同様のことが言えます。ある書物を読んでいて、明確に反発を覚えたはずの主張を、のちにすっかりその読書体験を忘れたときに、かつて感じた反発ごと忘れ去り、あたかも自分の意見のようにその主張を支持するということがありえるのです。

読書に慣れるということは、読書スランプに慣れるということでもあります。情報の濁流のなかで、押し流されながらある書物を手に取ろうとしていることに自覚的になるということです。ウンザリしながら、自分がその本を読むべきではない可能性を意識しながら、いつでも読むのをやめるつもりで読み始める。無意識の読書スランプを、自覚されたためらいとして意識しながら、それに慣れること。新しい情報をそこから引き出すことができないかもしれないという自分の性質を知りつつ、反発しながら読んでも無意識に自分の意見をいつか変えてしまうかもしれないものを読む、ということ。

そこに書かれた言葉を読み解けないこと、ある本の社会的な価値を理解できないこと、その価値を受け入れる屈辱、「その本を読め」という指示に対する反感、読み終えるタイミングを自分で決めなければならないというプレッシャー、読み終わってしまうという切なさ、読書という行為の本質的な孤独感。こうした読書の困難を前にして躊躇をするのは当然のことです。むしろ躊躇するべきです。この躊躇を感じることなく能天気に読書をしているひとたちは、自分たちが読みたいものを読んで満足しているだけなのではないでしょうか。

躊躇することができているひとたちは、その躊躇を繰り返し味わう必要があります。躊躇を味わうことに慣れることで、「読めなさ」を抱えたまま「読む」ことができるようになります。それは「読む」ことをしながら同時に「読まない」でいるということにもなります。本を読まない自由、読むことを途中でやめる自由、その本がまとう権威を認めない自由、その権威にかしずくフリをする自由、その本を読み終える自由、そして読書によって孤独になる自由、こういったさまざまな自由が、ためらいの向こうにあるのです。

より複雑な「わからなさ」の深み

単純な困難と複雑な困難

ですが、読書の困難はこれまで述べてきたような、書物を手にとって読み始める困難や読み進める困難といったわかりやすい種類のものだけではありません。読み通しても、あるいは何度読んでみても理解が難しい、「より複雑な困難」があります。

読書の単純な困難は、躊躇を繰り返しているうちに慣れることができます。本を手に取るときやそれを読み始めるとき、それを億劫だと感じたとき、その感覚が正当なものであることを認め、その億劫さに慣れていくことは、すなわち読書に慣れることでもあります。気乗りしない本を読まない、飽きたら読むのをやめる、そうしながら、気が向いたときに読むことができるようになります。再読は、場合によっては初読よりも面倒です。読んだことのある場所を無理に読み直す必要はありません。読書は孤独な行為ですが、だからこそ、あなたの読み方に文句を言うひとは誰もいません。

当然のことですが、「ひとまずは読み終えたはずの本」を再び読み直すことが再読です。せっかく読み終えた本を再び手にとり、目を通したはずの文字列に目を再び走らせる。吟味したはずの議論について再び頭を悩ませ、すでに納得しているはずの結論に再び納得する。あるいは逆に、以前読んだときにも異存があった箇所について再び反感を覚える。それが再読です。これが億劫でないわけがありません。この億劫さは、読書の複雑な困難に由来します。

読書に慣れてくると、だんだんと自発的に再読をしたくなってくるものです。というのも、既に書いたとおり読書とは読み飛ばしであり、誤読したまま放置することなので、読み捨てを重ねていくと段々と記憶があやふやになり、「ひとまずは読み終えたはずの本」に何が書かれていたのか、自分がちゃんと書かれていたことを読み取れていたのか、それを自分が正確に記憶しているのか、不安になってくるからです。誰かにその精度を問いただされるという機会がなくとも、「ひとまずは読み終えたはずの本」についてちゃんと読めていないのではないかという疑念が蓄積されていくのです。

この「ちゃんと読めていないのではないか」という疑念は、ひとが本を読みたくないと感じる理由のひとつでもあります。読書をする前から、読んでもわからないのではないか、誤解してしまうのではないかという不安があって、どうせわからないのであれば読まなければいいと思ってしまうのです。その不安に抗って無理に本を読む必要はありません。しかし、何かわかるかもしれないという期待もあるならば、やはり一度は手にとって、わかる部分だけでも読んでみたらいいのです。漢字の読めない子供が、ひらがなだけを読んで「読んでいる」体験をする段階があるように、「読めるところだけ読む」ことは「読める」ようになるのに不可欠なステップなのです。

西洋哲学の祖プラトンは、「書かれた言葉」は「死んだ言葉」でしかないと主張しました。「書かれた言葉」は、「生命をもち、魂をもった言葉」と区別され、一段劣った危険なものですらあると言うのです。「生命をもち、魂をもった言葉」とは、面と向かって語り合うなかでひとがひとの「魂のなかに知恵とともに書きこまれる言葉」のことです。プラトン自身がこの主張を文字で書いているし、「書かれた言葉」よりも良いものを説明するために「魂」という目に見えないものを持ち出した挙句、結局そこに「書きこまれる」と説明してしまってるのでますますわかりにくくなっていますが。

「書かれた言葉」を「書かれた言葉」で説明するという矛盾をおかしてまでプラトンが主

張したかったことは何だったのでしょうか。読書スランプのひとはここでプラトンを読むのをやめるでしょう。ちなみにここで参照してる議論は『パイドロス』という対話篇のなかのものです。『パイドロス』を読むのをやめて、他の本を読んだり、他のことをする方がいいと思ったなら、すぐそうするべきです。ここまでわたしが勧めている「読み捨て」をするならば、この矛盾をさほど意識せず「プラトンをまた一冊読んだ」という気持ちで「ひとまず読み終える」ことも構いません。

しかし、少し頑張ってプラトンの主張を理解しようとしてみてもいいでしょう。あるいは、ほかの本を読んだり、ほかのことをしたあとで、また『パイドロス』に戻ってきてもいいはずです。あるいは、「ひとまず読み終えたはず」の『パイドロス』を再び手にとってもいいでしょう。プラトンは、何を「死んだ言葉」と呼び、何をそうではない言葉――いわば「生きた言葉」としたかったのか。

プラトンはこの区別を説明するために、「語るべき人々には語り、黙すべき人々には口をつぐむすべをしっているような言葉」と書いています。二千年の時を超えて、プラトンは読者の魂に知恵とともにこの「言葉」を書き込もうとしている。そんな気迫を感じます（感じないでも大丈夫です）。「語るべき人々には語り、黙すべき人々には口をつぐむ」ことが可能な言葉は「生きて」いて、これができない言葉は「死んでいる」とプラトンはそう考えています。そして、まさに彼が書いた言葉が生きるのか死ぬのかは、これを読んだひとの魂に彼の言葉が書きこまれるか否かにかかっているのです。

プラトンが彼の言葉を書きこんだのは、当時の標準的な書字媒体であったパピルスというものでした。パピルス（ギリシャ語：πάπυρος、ラテン語：papyrus）は紙（paper）の語源になったもので、植物性の繊維を重ねて乾かしたものです。プラトン自身の書いた文書は現存しておらず、彼の言葉を保存する必要があると感じたひとが書き写し、それをまた書き継ぐ必要があると考えたひとが保存し、それを広める必要があると思ったひとが翻訳をして、それのうちのひと塊がいまわたしたちが日本語で読める『パイドロス』になっています。

プラトン自身が「死んだ言葉」と呼んだ文字の文書が、彼の主張に反しているかのように、まるで「生きながらえて」、わたしたちのもとまで届いてきたことには感銘を受けます。しかし、プラトンの書き留めた言葉は死んでなどいないと考えるべきなのでしょうか。それとも死んだ言葉だからこそ、わたしたちのところまで届いてきたのだと考えるべきなのでしょうか。この矛盾を回避するキーワードが、「魂」というプラトン独自の概念です。

プラトンにとって「魂」とは何だったのか、それをここで詳しく論じる余裕はありません。気になったかたはぜひプラトンの著作を読んでみてください。なお「哲学とは膨大なプラトンの注釈である」とも言われるように、プラトンが何を言っていたのかを古今東西の哲学者たちがああでもないこうでもないと議論しあっており、それがひとつの学問の体系を成しているとも言えます。つまりプラトンが何を言おうとしていたのかについて考えると、それは哲学になってしまうのです。

昔の偉いひとが言った矛盾しているような話を、古今東西のえらいひとがこねくり回すのが哲学であると考えられることがあります。いくら議論しても明確な解答がなく、結局は無駄な議論でしかないという考えです。しかし、「魂」や「知恵」というものは、それを信じるひとにとっては無駄なことではありません。哲学とは、無駄かどうかギリギリの議論を、それを信じるか信じないかを問うものなのです。

哲学に限らず、プラトンの矛盾のような、何をどう考えれば理解できるのかわからない記述というものに、読書をしていると出会うことがあります。先に引用したデュラスの「打ちのめされたような優しさ」もそのひとつだと言えます。こういった理解の難しさは、ある種の読書好きが目を皿のようにして日々探している宝物のような価値をもつものです。

しかしそれ以外のほとんどのひとたちからは、理解が難しいのではなく理解不能で無意味なものだとして嫌悪されるものでもあります。

プラトンの矛盾やデュラスの「打ちのめされたような優しさ」といった理解困難な記述について、それを嫌悪しながら読書をするのもまた読者の自由です。わかるものだけを読み、わからない記述は読み飛ばし、文章の意味がわからなければそこで読むのをやめて構わないからです。しかしある種の書き手は、その読者の自由に挑戦するかのように、書くことも読みとることも難しい何かをどうにかして書きつけようとします。そしてうまくそれを記述できたとき、それを見つけて価値を見出したひとたちがその言葉を書き写したり、保存したり、翻訳して広めようとするのです。

良い文章とは、誰でも読めるように書かれているのに、読者が自分だけに向けられた言葉のように感じるもののことだ、と解釈してもいいかもしれません。ただここで気をつけたいのは、ひとは「誰にでも当てはまるようなこと」を目にした場合「自分にこそ当てはまる」と考えやすいことです。血液型による性格判断や各種の占いで「当たってる」と感じてしまいます。だいたいのひとは、誰かに自分のことを言い当てられると嬉しくなるそうなので、自分から嬉しい気持ちになりたくてついそう思ってしまうのかもしれません。

「誰でも読めるように書かれている」のに「自分だけに向けられた言葉」として受け取ってしまうのは、読者のそうした自己満足的な思い込みにすぎない可能性は常にあります。

ここに書いてあることがわかるのは自分だけだという実感はとても気持ちのいいものですが、客観的には単に「そうではない」ことが多いので程々にしておくのがいいでしょう。仮に本当に自分しか「わかる」ひとがいなかったとしても、それを証明するのはかなり難しいことになります。

それはさておき、読者に「自分しかわからない」と思わせるような絶妙な理解困難さというものがあるのです。困難には、パズルのように知的に作り出すことができるものだったり、ウェブサイトのリンクや辞書の項目の参照先のように枝分かれが多すぎて追いきれなかったり、プラトンにとっての「魂」のように信じるか信じないかの問題になったりといったいくつかの種類があります。

こういう複雑な困難を楽しめるようになったなら、立派な面倒臭い読書好きの出来上がりです。もちろん読書好きが全員この種の厄介なタイプではないのでご安心ください。繰り返しますが、わからない記述に出会ったときに、その本を閉じて放り出すのは誰にでも許された自由なのですから。

「わからなくなること」の深みへ

もう一度繰り返しましょう。読書には二種類の困難があります。ひとつは、直感的なものです。既に書いたような、本を手にとるのが億劫であったり、読み始めたり読み続けたりするのが億劫であったり、読み終えたくないと思ったり、誰とも解釈を共有できないかもしれないと感じる困難です。読書にまつわる困難は、読み始めない自由、途中で読むのをやめる自由によってその都度は回避可能です。その自由を自覚し、読むのかどうか躊躇することを肯定することが肝心です。その躊躇に慣れることで、やがて読書に対する気負いや気まずさは薄れ、以前よりは読めるようになるものです。

問題はもうひとつのほうの困難、「複雑な困難」と呼んできたものです。パズルのように意図的に読み解きにくく書いてあったり、その文章を読むために求められる前提知識が際限なく求められたり、客観的な批判を保留して「信じる」ことを求められたりするような書物です。これもまた読まない自由を読者に許す困難ではありますが、単に繰り返し読むだけでは何度読み直しても腑に落ちない厄介さがあります。

再読――つまり書物を繰り返し読むと、最初に読んだとき（あるいは何度目かに読み返したとき）と次に読むときのあいだに、ほかのことを読者が経験する時間がさしはさまれることになります。ほかの本を読んで知識を得たり考え方が変わるということでもいいでしょうし、体調が変わるだとか、住んでいる地域の季節が変わるだとか、学校や勤め先の環境が変わるということもあるでしょう。人間関係で新しい友人知人ができたり、あるいは関係が悪化したり、誰かを亡くしたりする経験もあります。

そういった経験がさしはさまれることで読者自身が変化して、それからかつて読んだ本を読み返すとき、人間の基本機能である「自分に都合の良いことだけを読み取る」が働いたとしても、かつてとは自分の状況が変化しているので、以前には気づかなかった部分に意識がつけられる可能性があります。

読書や再読を繰り返すうちに、自分の読み取れる内容が変化することにも繰り返し気づかされるようになります。読書に慣れ、再読に慣れるとは、書かれていることが変わっていないのに、読むたびに読みとられる内容が変化することを知るということでもあるのです。

かつて読んで意味不明だった部分について、前よりもわかるような気がする場合にかぎらず、以前にわかったつもりになっていた部分がわからなくなってしまう場合もあります。

ここで自分の頭が悪くなったのだと考えるのは、ときには正しい場合もあるかもしれませんが、ひとつにはかつてわかったつもりになっていた部分について解像度が高まった結果として理解困難な部分に気づけるようになったのかもしれません。初読時に「簡単なこと」として読み飛ばしていた箇所について、より精確に近い読みかたができるようになったということです。

読書に対する躊躇が正当であることを自覚し、好きなときに好きなだけ好きな本を読めるようになるのには、そのタイミングをからだで覚えるまで読み捨てを繰り返す必要があります。そしてその自由を実感できるようになるまで読み捨てに慣れたとしても、読み取るのが困難な記述に直面することは珍しくありません。読書を繰り返すうちに、やがてこの読み取り困難な記述にも慣れてきます。どうせ困難なのだから今回は読み飛ばそうと決めるのも、今回は腰を据えて噛み締めてみようと決めるのもまた読者の自由です。

意味を理解するのに困難を感じる記述に出会ったときに、その意味を深く考えずに保留して先を読み進むこと、つまり読み飛ばすということと、意味を噛み締めてそれを解きほぐそうと試みることとのあいだには、二者択一ではないグラデーションがあります。どの程度その困難につきあい、どれくらいで困難に付き合うのを諦めるのか。読み取り困難な記述を含む本を読むことに慣れれば慣れるほど、このグラデーションは多様になっていきます。

繰り返し読むことを前提にした読書であれば、「この困難について考えるのはこれくらいにして、気が向いたらまた読もう」と腹をくくって、ある程度の「読み飛ばし」をすることができます。いつかまた読むリストのようなものをつくって、そこに書名を追加していくのもいいでしょう。どこにひっかかったのか、メモをしておくと再読の際の参考になります。これも面倒な作業なので、ある程度の慣れを得てからのほうがいいと思います。

読書に慣れること、読解困難な記述に慣れることの先には、その「奥」があります。再読するときまで検討を保留する、あるいは再読時に再検討することを残しておくという領域です。意識的に保留するだけではなく、読み解けていないことを自覚していないものもそこに残されていることに、再読時に気づかされることもあるでしょう。

「語るべき人々」

読んでも読んでもそういった「残りの部分がある」と思わせてくれる本があります。汲めども尽きない泉のような、何度でも読める本は「古典」と呼ばれます。ひとは学びを得るためだけに読書をするわけではありませんが、たとえば読み返すたびに異なった教訓を与えてくれる本というのは確かに存在しているのです。プラトンが「語るべき人々に語り、黙すべき人々には口をつぐむ」言葉として指し示したかったのは、読者が「語るべき人々」になったときにその内容を「語り」、読者がまだ「黙すべき人々」でしかないときには「口をつぐむ」、そんな言葉のことなのかもしれません。

読者が「語るべき人々」であるタイミングになれば、そこに読まれる言葉は読者の心に刻み込まれるかもしれません。その記述が読者を「語るべき人々」として認める資格として、プラトンは「知恵」を要求します。これは単なるバラバラの知識ではなく、読者に何かの資格を与えるような体系や経験を含むものです。プラトンの言う「魂」には独自の文脈がありますが、そのような知識と経験の体系をもち、しかるべき資格を得たときに言葉が書き込まれるもののことだ、とひとまずは言えるのかもしれません。

書かれた文章は、誰にでも読むことができます。ただしそこで使われている文字を読む知識や、そこで書かれていることを想像するための経験は必要になります。「打ちひしがれたような優しさ」という文字列を見て「打ちひしがれる」という言葉の意味がわからないひとは「誰にでも読める」はずの文章を読むことができません。そして言葉の定義を知り、その意味をわかったつもりになっていても、「打ちひしがれたような優しさ」の意味はすぐにはわかりません。誰にでも朗らかに優しさを振りまく幸福なひとには、あるいは逆に、誰にも優しくできないようなひとにも、なかなかわからない文章なのです。

それでも初読時に「打ちひしがれたような優しさ」の理解の困難さを無視して読み進めることはできます。少し時間をおいて、もしまた『アガタ』を読み返すことがあったとして、時間をおいているあいだに経験したことや知識を得ることによって、「打ちひしがれたような優しさ」に感銘を受けるようになるかもしれません。本を手にとる億劫さ、読み始める億劫さに躊躇することに慣れ、また読解困難な記述に慣れて、初めてこの感銘を味わうことができます。

しかしその感銘が、自分勝手な読み取りでしかないという可能性はまだ残っています。もちろん、自分勝手な読み取りをする自由もまた読者には許されています。しかし自分が本当にその記述にとって、プラトンが言う「語るべき人々」になっているのかを判断する方法はありません。本は繰り返し読めるものなので、ひとたび感銘を受けたと思っていても、また読み返したときにもっと深い、あるいは別の感銘を受ける可能性が常に残されています。前に読んだ時にはわからなかったことに気がつくためには、それを繰り返し読む必要があるのです。そして、繰り返し読むことによって「慣れ」は深められていきます。

読書に慣れるということ

読書に慣れることで、繰り返し読むとそのたびに「さらに奥」を見せてくれる本が存在すると知ることになります。「読書に慣れる」ということそのものが、読書の深みを知るごとに深まっていきます。それは他人からは、知識や蘊蓄を増やしているだけに思われるかもしれないし、実際そうでしかないひともいるでしょう。他人の目にどう映るかはさておいて、自分自身に「果たしてそれだけか」と問いかけたとき、それまでに読んできた文章の書き手たちが「読みとられないかもしれない」と思いつつ書き留めた言葉が自分に確かに響いてきた、自分が「語るべき人々」の資格を得て、言葉に「語り」かけられたと思えるかどうか。そしてその経験を繰り返してきたかということが、慣れを深めてきたかをはかる基準になります。

披露することで他人を驚かせる知識量やマニアックな蘊蓄と違って、「慣れの深み」を味わっていることは他人には伝わりにくいものです。他人に認めてもらい評価されるための読書ではなく、またそのときどきに束の間を忘れるために楽しむ読書でもなく、誰かがわざわざ読みにくさを障壁にして書いた言葉を自分なりに受け止めてきたという積み重ね。それを誰かにわかってもらうためには、わざわざ読み取りにくく書かれていたものを台無しにするリスクをおかして、読みとりにくさも含めて開陳する必要があります。しかもそのときには、相手が「語るべき人々」の資格を得ていることが条件になります。「わからないひとにはわからない」という当たり前の事実と、「話せばわかる」という希望とが衝突するのです。

速く読むことも多く読むことも無意味ではありませんし、知識や蘊蓄を蒐集することにも意味がないわけではありません。しかし、より遅く読み、より深く読むこともまた大切なことなのです。知識は読書以外にももちろん役に立ちますが、ある種のパズルを解くヒントになったり、その知識を前提とした書物を読み解くのに必要になったり、自分とは異なった信念や考え方を持っているひとの言葉を嚙み締めるために不可欠なものでもあるのです。

より速く、より多く読む「わかりやすい」読書は初読の機会を増やします。これに対して、より遅く、より深い読書は再読によって可能になるものです。まず読書に慣れ、つぎに再読に慣れることで、読み飛ばしたり読み捨てたりしてきた本からはより豊かな読書を得られるようになります。そして再読への慣れには、際限のない深みがあるのです。

第三章

ネットワークとテラフォーミング

バーンアウトする現代人

「強さ＝激しさ」と「燃え尽き」

自分に合った本を読み、自分の時間を生きるために、複雑さの深みに向かうために再読をするとき、意識したいのは「フラットに読む」ということです。

フラットに読むことについて、トリスタン・ガルシアという哲学者が示唆を与えてくれます。最新のフランス現代思想を牽引するカンタン・メイヤスーの教え子として知られるガルシアは、その著作『激しい生』で、日々の生活のなかでわたしたちが「強さ＝激しさ」に駆りたてられていると指摘しています。

「強さ＝激しさ」とは少しわかりづらい表現ですが、「感動」とか「興奮」といえばピンとくるかもしれません。目の覚めるような体験、一生忘れられないような出来事、歴史や社会を大きく変えるような偉業。恋愛における絶頂や、スポーツ観戦で目撃するファインプレー、仕事での成功、技術のイノベーションもこれに含まれるでしょう。

ガルシアは、個人的なスケールにおいても社会的なスケールにおいても高い価値を与えられているものを「強さ＝激しさ」と呼び、近代以降、わたしたちが生きているこの現代にいたるまで、わたしたちの多くがこれを追い求めるよう駆りたてられていると指摘しているのです。

ガルシアの論を信じるならば、「強さ＝激しさ」は近代に注目を集めるようになり、その後ヨーロッパから近代の社会構造と併せて世界中に輸出されて広まっていったことになります。近代以前には「強さ＝激しさ」は、心を惑わせて平穏を妨げる悪魔の誘惑でした。古代ギリシャからローマ、そして古代ギリシャとローマを規範としていた中世のヨーロッパにおいて支持されていたストア派という哲学の流派においても過剰な興奮は忌避されていました。ストア派の理念は、現代でも「ストイック」(禁欲的)という言葉にその響きを残しています。

ストア派の源流にはエピクロスという哲学者がいます。現代物理学にもつながる原子論でも知られるエピクロスは、人生は思索を妨げる煩わしさと、その煩わしさから逃れた平穏に分けられると考えました。この「平穏」をエピクロスは「快」と呼び、煩わしさを避けることが「快」にとって重要だと主張しました。現代において刺激的な「快楽」を至高と考えて、ドラッグやセックス、ギャンブルなどに邁進する生き方を「エピキュリアン」（快楽主義）と呼ぶことがありますが、これはその言葉の起源となったエピクロスの主張とは真逆のものです。

韓国生まれのドイツの思想家ハン・ビョンチョルは『疲労社会』において、ひとびとが精力的に仕事をすること、自分の限界を超えることを互いに期待していることを指摘しました。互いに鼓舞しあうことで個々人は仕事で業績を叩き出し、会社は株価を上げ、国は経済成長していく、というわけです。ハンはこの絶え間ない鼓舞の連鎖の先に、誰もが「燃え尽き（バーンアウト）」する可能性を抱えることになったと指摘します。かつて思想家のミシェル・フーコーが提唱した「監視社会」のなかで、わたしたちは疲弊（バーンアウト）しそうになりながら互いを励まし合い、業績をあげ、経済成長を目指してあくせく生きているのです。

エピクロスの「快」、つまり平穏は、ハンのいう「疲労社会」のなかに生きるわたしたちにとって憧れるしかない幻想のようなものです。ヨガや瞑想によって一時的に平穏の状態を取り戻しつつ英気を養って、またあくせくした社会の活動へと戻っていくことを相互に監視するなかで余儀なくされているのです。

ガルシアはハンの言説にも言及しながら「強さ＝激しさ」が、疲弊、燃え尽き、バーンアウト、つまり「鬱状態」へと必然的に帰結すると書いています。この必然的帰結を各種の息抜きによって先延ばししながら時代と社会、要するにたえず注がれている他者の監視のただなかで、「強さ＝激しさ」を求めざるを得ないといいます。

ガルシアは「強さ＝激しさ」が必然的にバーンアウト、鬱状態にひとびとを陥れるリスクをもっていると指摘しながら、「強さ＝激しさ」に駆動されてきた近現代社会を否定することはしません。そこから逃れることは難しいからです。ただし「強さ＝激しさ」を相対化する行為として「思考」を挙げています。ガルシアにとっての「思考」とは、何かに向き合うときにその「強さ＝激しさ」という尺度を使わないで考えるということです。

美しいもの、素晴らしいもの、何か価値あるものについて考えるとき、努めて意識しなければ、その美しさの「強さ＝激しさ」、素晴らしさの「強さ＝激しさ」、価値の「強さ＝激しさ」にわたしたちは惹かれてしまいます。ガルシアは、まるで禅宗の僧侶のように、美しさの「強さ＝激しさ」や価値の「強さ＝激しさ」から離れて、対象に向き合うフラットな「思考」を提唱しているのです。ガルシアが『激しい生』において、社会の根底にあって、社会のなかで生きているわたしたちのこころや行動を方向づけ、活気づけている「強さ＝激しさ」というテーマを扱うことができたのは、このフラットな思考を実践していたからだといえるかもしれません。

しかし、『激しい生』という書物が書かれ刊行されるためには、この本のテーマや書き方が、他の本の候補よりも優れている（「強さ＝激しさ」をもっている）ことが必要だったはずです。つまり、結果的にガルシアじしんも「強さ＝激しさ」からは自由ではありません。また読者も『激しい生』で著者が示す、近現代社会の基盤を掘り起こすその手並みの鮮やかさには「強さ＝激しさ」を認めざるを得ないでしょう。

初体験信仰

読書について考えるときに、その「強さ＝激しさ」とは何でしょうか。ガルシアは「初体験信仰」という現象を論じています。ひとは何かを初めて体験するときにその鮮烈さを強く意識します。初めて口にする料理の味、初めて会ったひとの印象、ある音楽を最初に聴いたとき、ある本を初めて読んだとき。そのときの印象の「強さ」は、神は死んだと言われる近現代において、神に代わって信仰の対象として崇拝され、その素晴らしさ、忘れがたさが称揚されてきたのです。このことは文学や歌謡曲の歌詞、あるいはＣＭなどで初恋がいかに繰り返し語られ、描かれてきたのかを思い起こせば誰も否定することはできません。

再読が初読に対してどこか億劫なのは、初読時の鮮烈なはずの、信仰対象とされるべき印象が薄れていることを認めることを無意識に避けているからなのではないか、とわたしは考えています。再読とは、初読時の印象の鮮烈さを相対化し、書かれていることにフラットに向き合う行為なのです。

ハンのもうひとつの主著である『透明社会』は、ＳＮＳにハマるひとびとが、ガルシア流にいえば「強さ＝激しさ」を公開するように駆りたてられていることを論じています。自分がいかに仕事を頑張っているか、どのような成果を出しているか、あるいはいかに感動したのか、どれくらい「強く＝激しく」幸せなのか。誰かに頼まれたわけではなく、誰かに感謝されるわけでもないのに、ＳＮＳを利用するひとたちは多かれ少なかれその「強く＝激しい」体験を記録し、公開しようとします。

読書の話題に引きつけていうならば、ごく私的なはずの読書をひとはなぜか顕示したがります。いま何を読んでいるか、その本にどのように感銘を受けたのか、これまでどんなに多くの本を読んできたのか。フェイスブックやインスタグラム、ツイッターなどの代表的なSNSに限らず、こういった情報を「発信」しているアカウントは枚挙にいとまがありません。そのアカウントのフォロワーたちにとって有益な「情報」がそこに含まれることは否定できませんし、こう書いているわたしじしん、日々こういった「情報」を「発信」しています。

しかしこの行為は客観的な状態としては、そのアカウントを運営している個人の「情報」が自主的に暴露されているだけです。そのアカウントのフォロワーたちにとってその「情報」が有益であるだけではなく、投稿されているサービスの運営側にとってはほぼ自動的にユーザーの「情報」が暴露され、収集可能になっているのです。

ガルシアは『激しい生』のなかで、たとえば健康維持のための日々のエクササイズがスマートウォッチなどの計測デバイスを通してアップル社などの企業にデータとして収集されていることを指摘しています。「強さ＝激しさ」はデータとして計測され、ユーザーの意識していないところでその企業の業績のために活用されているのです。

かつては書物で得た知識を活かすことで称賛されていた多読家は、その知識をたとえばアマゾンのカスタマーレビューを書くことでアマゾンの売上に貢献するようになります。

それまでは個人的に読む楽しみを味わっていただけの読者も、その感想を引き出すインターフェースを備えたサービスが登場することで、その個人的な感想をそのサービスと運営企業の利益に活用されるべく露呈させてしまいます。

生活空間にあるあらゆるモノがセンサーとネットワークへの接続機能を内蔵する「モノのインターネット（IoT）」が実現すると、エクササイズや読書だけではなく生活のあらゆる側面がデータとして企業に収集され経済活動に組み込まれるようになります。ショシャナ・ズボフ『監視資本主義』はこのような未来を危惧し警鐘を鳴らす一冊でした。

わたしはそのような未来を恐れているわけではありません。ある程度の限界はあるとしても、企業の営利活動を消費者の側が逆に監視することで調整していこうと考えているからです。しかし問題は読書の仕方です。本書の冒頭から述べているとおり、わたしたちには読書スランプという症状があります。これは「読書疲れ」とも呼べる現象です。インターフェースに誘われるままに、そこに感想を書き込むための読書をしてしまってはいないでしょうか。あるいは、「より多く、より頻繁に読書をしている自分」を演出し露呈するための読書になってしまってはいないでしょうか。

楽しい読書をしているとき、読書体験に興奮しているとき、その感動や興奮をSNSに暴露しているとき、その楽しさや興奮の「強さ＝激しさ」をいったん横においてフラットな思考で自分を眺めてみませんか。メタ認知です。そこであなたは何を体験しているのでしょうか。

新しい学びを得ている、仕事に使える知識を得ている、退屈な日々から解放してくれるひとときの清涼剤を得ている。この「体験」からも「強さ＝激しさ」を引き去ってみるとどうなるでしょう。学びの「新しさ」、仕事に使えるという「価値」、束の間だけ目を逸らしてまた戻っていく「強さ＝激しさ」に疲れる日々。何もかもが虚しくなってきてしまうかもしれません。もうバーンアウト寸前なのかもしれません。

フラットな読書

ガルシアのフラットな思考の危険性は、「強さ＝激しさ」を相対化した結果、そこへ駆りたてられている自分が虚しくなってしまうことです。現代社会が「強さ＝激しさ」に駆動されている以上、社会的にこの虚しさから逃れることはできません。虚しさを抱えながら、「強さ＝激しさ」の渦巻く社会でなんとか生きていくしかないのです。

かつてエピクロスが提唱したような「平穏」を静の極として、反対側に「強さ＝激しさ」のバーンアウトまでの動の極を置くとすると、ガルシアを読んだあとのわたしたちには、この両極のあいだでバランスをとって「ちょうどよく」読書するしか道はないということになります。フラットな読書です。感動も失望もなく、何もない、何も読まない静の極でもなく、めちゃくちゃ読んでめちゃくちゃ大量にSNSに感想を投稿して誰かから褒められていつか疲れてしまう動の極でもない読み方。

好きなように読んで、SNSも好きなように使う、とにかく勝手にやる、というのは本書でわたしが推奨したいスタンスです。しかし本書を読んでくれた読者が何かを得なければ意味がありません。わたしの本を読んで読者が何かより良い読書を、より良い人生を暮らせるようになる方法や考え方を提示すればいいのでしょうか。しかしそれもまた「より良い」という「強さ＝激しさ」の尺度に囚われています。

「強さ＝激しさ」の尺度ではなく、好きなように読書をしながら、それでも意味のある読書。それは何なのでしょうか。まわりくどく思われるかもしれませんが、「その意味を自分で定義し、読書によってその意味を深めていくこと」、それこそがわたしが提案したいことです。個人の楽しみのためでもいい、仕事や学びのためでもいい、しかしそれは何かと比較されたり評価されたりするものへと変換されてしまうリスクを常に帯びています。

そうではなく、あらゆる尺度で計測不能な何かを読者が自分で自分のなかに紡いでいけるような読書。フラットな思考で眺めたときに、新しさやすごさではない何かがそこにあるかどうか。新しくもすごくもなく、どこにも暴露されない何か。

ネットワークとしての人間・言葉・書物

スモールワールド効果

ところでガルシアはなぜ「強さ＝激しさ」が近現代を貫き支えるものになったと考えていたのでしょうか。ガルシアは、その発端を科学が電気を「発見」し、技術がそれを活用していく過程に見出しています。

人間を含む多くの生物は全身に張り巡らされた神経のネットワークを持っています。神経細胞は互いに接続されており、微弱な電気をやりとりしています。人間の気分を左右し、無意識には思考すら規定していると言われる各種のホルモンなどのいわゆる脳内物質はこの微弱な電気を各種器官が受け取って分泌しています。

初読と再読を区別する「記憶」もまた、脳のなかのニューロンが可塑性をもつことで形成されているのです。記憶は、ふつう過去に経験したことを覚えていて思い出せることなので過去に属すると考えられています。しかしひとが何かを予測するときには記憶されている出来事を想起し参照しています。つまり記憶は未来にも属しているのです。初読のときに見過ごしていたことを見つけるためにも、またそれを期待するためにも、記憶の機能は無視できません。

初体験信仰や「強さ＝激しさ」によってバーンアウトしないための再読について考えることは、ガルシアの言う「フラットな思考」について考えることでもあります。「フラットな再読」を捉えるためには、「ネットワーク理論」の知見が助けになります。

ひとの記憶が脳神経のネットワークのなかのパターンであることは先ほど述べた通りですが、書物は書物で、そこに書かれている単語どうしのネットワークであり、またさまざまな主張や出来事を記した文章のネットワークです。もちろん、記憶を構成する脳神経細胞のネットワークと、書物を構成する単語や文章のネットワークは種類も次元もまったく異なるものです。しかし、読者が書物を読むときには、この「種類も次元もまったく違うネットワーク」が互いに参照しあっているのです。

近年、急激に進歩してきたネットワーク理論とは、数学の研究から出発し、人間の社会行動やその他の生物の行動、通信技術など幅広い領域にわたる理論です。そのもっとも有名なモデルは「スモールワールド効果」と呼ばれています。一九六〇年代にアメリカの心理学者スタンレー・ミルグラムが行った実験によって知られるものです。

ミルグラムは、互いにファーストネームで呼びあうような親しい関係のひと同士で手紙を受け渡すことで、「スモールワールド」を明らかにしました。国も言語も異なる、住んでいる大陸すら違うターゲットに宛てた手紙が届くまでに、何人の介在を必要とするかという実験です。これによれば、最初に手紙を受け取ったひとからターゲットに到着するまでに平均で六回の受け渡しが行われたのです。直感的には、もっとずっと多くの受け渡しが必要に思われそうなところを、たった六回で済んでしまう。「世間は狭いねえ（It's a SMALL WORLD）」という感嘆の言葉からスモールワールド効果と呼ばれるようになったのです。

スモールワールド効果によって何がわかるかというと、「世間が狭い」ということだけではありません。「世間が狭い」ときに、「ネットワークがどのように成り立っているのか」がわかるのです。

たとえば、世界中のすべてのひとが互いに知り合いである場合、スモールワールド効果は生じません。そのようなネットワークであれば圧倒的に少ない回数、つまりたった一回の受け渡しでターゲットに手紙は届いてしまいます。

逆に、スモールワールド効果に感嘆してしまうひとたちが直感的にイメージしている社会ネットワークでは、何十回も手渡しを繰り返さなければターゲットに手紙は届きません。異なる言語、異なる国、異なる大陸に住んでいる「知らない誰か」に手紙を渡すという実験は、直感的には到底うまくいかないと思われます。何十回と受け渡しが繰り返され、その過程で手紙が捨てられてしまうと想像するのが普通でしょう。実際、ミルグラムの実験でも残念なことに一定の量の手紙が廃棄されています。

実際には、世界中のすべてのひとは知り合いではありません。しかし手紙がたった六回の受け渡しで届いてしまう。それが現在の社会ネットワークなのです。

現実の社会ネットワークの特徴として、もうひとつ有名なのが「スケールフリー性」です。栄養素の分子構造や生物どうしの食物連鎖、インターネットのウェブサイトのリンク構造など、さまざまなスケールのネットワークに見出されるため「スケールフリー」と呼ばれるこの性質は、冪乗則《べきじょうそく》やロングテールとも呼ばれます。この性質は経済学の世界で「パレートの法則」としても知られてきました。

スケールフリー性のあるネットワークは、「ハブ」と呼ばれる特殊なノード（結節点）が多くのスポーク（ノードどうしを繋ぐ線）を寡占し、ほかのノードのほとんどは少ないスポークとしか接続できません。有名芸能人や大物政治家は多くのひとに知られているのに、一般的な国民の直接の知人は数人程度という例がわかりやすいでしょう。

スケールフリーネットワークはとても簡単なルールで作り出すことができ、その簡単さにもかかわらず、ネットワークの一部が欠けても安定性を維持する頑強さを備えています。スケールフリーを作る簡単なルールとは、「成長」と「優先的選択」です。

「成長」は、ネットワークに新しく加わるノードが常に増え続ける性質です。「優先的選択」は、「成長」の際に増えたノードがハブに近いノードを優先的に選択することを指します。有名人が有名であることによってさらに有名になり、お金持ちがお金持ちであることによってさらにお金を増やすようなものです。

知名度や裕福さを例にすると悪い印象を覚えるかもしれませんが、空港と空港を繋ぐ航空路のネットワークもスケールフリーです。大都市に近くよく使われる大きな空港はいくつもの空港とのスポークをもつハブですが、その他の多くの地方の空港はわずかな航空路（スポーク）しか持っていません。航空路のネットワークがそんなネットワークになっているため、欠便が出たとしても少ない乗り換えで目的地に着けるようになっているのです。

スケールフリーネットワークの恩恵を感じられるケースと言えるでしょう。

『侍女の物語』のネットワーク

ここまでネットワーク理論の話をしてきたのは、書物を読むひとの意識や記憶がそのなかに生じている脳神経細胞間のネットワークと、書物に書かれた言葉と文章のネットワークとが結びつく現象として読書を捉え、それがふたたび繰り返される再読について考えたいと思うからです。

ネットワークにはさまざまなレイヤーがあります。たとえばひとくちに脳神経細胞のネットワークと言っても、たとえば書物を読むときに文字や図版を見る視覚がどう受け取られているか、そして視覚が受け取った文字や図像のイメージが意味のあるものとしてどう理解されるか、そしてその理解がどのように記憶されるのかでまったく別のネットワークが現れます。ここを厳密に議論する準備はないので、本書でわたしが論じているのは飽くまで「読者が読み取った情報同士の結びつき」くらいの意味で理解してください。

さて、ネットワーク理論を読書に当てはめてみたとき、つまりスモールワールド効果とスケールフリー性が読書においてどのように見出せるのかといえば、書物の「ジャンル」

によってハブになる要素があり（スケールフリー）、その要素に慣れることでそのジャンルのどの議論にもだいたい接続できるようになる（スモールワールド効果）ということです。

何か新しい領域について勉強しようとするときに、まずは一定期間継続的に学習に集中するという方法はこのことからも妥当であることがわかります。第一章で述べた読み捨てをたくさんして、読書に慣れることを勧めるのも、この理解に基づいています。

勉強に限らず、ある物語のパターン、お約束、楽しみ方の勘所などを知って、より深く楽しみ味わうためには、ハブとなる名作や古典を見つけて、ロングテールなマニアックな作品をジャンルのなかに位置付けて理解することが有効です。

ここで、ひとつの文学作品の話をしたいと思います。その作品はマーガレット・アトウッドの『侍女の物語』という作品です。

一九八五年に発表された本作は女性の社会的役割を家事と子作りのみに限定する独裁社会を描いています。主人公オブフレッドは、「司令官」と呼ばれる権力者たちの子を身籠もり出産する役割（作中では「侍女」と呼ばれる）を押し付けられて生きることになります。子供を産むこと以外を許されないオブフレッドには、文字の読み書きすら禁じられています。文字を読むことはおろか、文字を書くことも許されていないのです。

本作はオブフレッドのひとり語りの体裁で綴られており、したがって本作の読者は、「では、この「本」は誰がどのようにして書いたのだろう」という疑問を持ちながら物語を読み進めることになります。作中で描かれている社会ではオブフレッドは本作の記述をどこにも書き記すことができないからです。もちろん現実には、作者であるアトウッドが本作を書いています。しかしアトウッドが登場しない作中世界で主人公は、本作の記述をどこかでおこなう必要があります。繰り返しますが、本作の作中世界ではそれは禁じられています。

作中で主人公は、独裁社会が到来する前のことをはじめ、自分の記憶を繰り返し回想します。男女の平等を前提とした自由な社会で、全体主義への支持が次第に高まり、自分たちの首を自分で締めるような運動に女性たちも熱狂していく過程は、発表から数十年を経た現代においても生々しいリアリティを伴っているのではないでしょうか。

権力者の子作りの道具として生きることだけを許されたオブフレッドは、テレビやラジオを見たり、家事をしたりすることすら禁じられています。『侍女の物語』の作中世界では、女性たちは家事と子作りの道具として生きることを強制されていますが、役割は細分化しているのです。家事をするだけの女性と子作りのための女性もまた区別されており、互いにいがみ合うように仕向けられています。

『侍女の物語』の主人公オブフレッドは、たとえば寝る前の時間に、あるいは子作りをするために権力者を待つ時間に、自分の過去を回想します。生き別れになった恋人や娘、あるいは自分の母親のこと。もしくは「侍女」としての心得を学ばされた施設での出来事。この回想――とりわけ恋人や娘、母親や友人との記憶は、オブフレッドの息の詰まるような暮らしにとって、かけがえのない息抜きになっています。それと同時に、自由に生きることができた頃のことを思い出すのは、語り手の現状の悲惨さをあらためて認識させるものでもあります。

ある日、オブフレッドは自分にあてがわれた部屋のクローゼットの隅に、とある文字列が書き込まれていることに気がつきます。その文字列が何と書かれているものなのか、誰が書いたものなのか、それは誰にもわかりません。『侍女の物語』の世界には、独裁体制を打破しようと暗躍する反政府組織も存在しており、オブフレッドに向けた秘密のメッセージの可能性もあります。

しかしやがてオブフレッドは、そのメッセージはオブフレッドがその部屋を使うようになる前にその部屋に住んでいた、前任の「侍女」が遺したものだったのだろうと考えるようになります。そしてその「前任の侍女」は、オブフレッドと同様の苦しく虚しい日々から解放されるために自ら命を絶ったのだろうと考えるようになります。いまはもうそこにいない「前任の侍女」は、彼女がそこにいたということをその文字列を通してオブフレッドに伝えてきます。オブフレッドはその文字列の意味をわからないままに、懸命に心に刻みます。

後日、オブフレッドは「司令官」に呼び出されます。その「司令官」はオブフレッドを単なる「子供を産むだけの存在」としては扱わず、彼の部屋での読書を許します。禁じられている行為を許されて、オブフレッドはたしかに喜びを感じはしますが、「前任の侍女」もまたこの「司令官」から同様の待遇を許されていたことにも気がつきます。

ここで少し、ネットワークの話に戻ります。『侍女の物語』に限らず、物語に記述された言葉は、基本的に主人公をめぐるネットワークになっています。ある物語の記述の中心になるような人物が「主人公」だからです。したがって『侍女の物語』を構成している言葉はオブフレッドを最大のハブとするネットワークになっています。

しかし既に書いたとおり、作中世界でのオブフレッドの社会的なネットワークは、女性の人権が著しく制限されているためにごく限られたものになっています。貧しい社会的ネットワークしか許されていない立場でありながら、オブフレッドは繰り返し回想をすることで内的なネットワークの豊かさを味わいます。

オブフレッドをはじめとする女性たちの寸断された社会的ネットワークと好対照をなすのが、「司令官」たちです。物語ではあまり描かれていませんが、権力の中枢にいるエリートとして、彼らは社会的ネットワークのハブの位置にいます。

このように、ひとつの小説作品には「言葉どうしのネットワーク／登場人物の社会的ネットワーク／登場人物の内的ネットワーク」というように、複数のレイヤーのネットワークがあります。

読者がある作品を読むときには、その本に書かれている言葉のネットワークを読み解き、そこに書かれている人間関係を把握し、作中人物の心情を味わうということになります。読者じしんの言語能力が試され、人間関係に対する想像力が喚起され、感情移入や想像力が機能する際に、読者の側が知っている言語のネットワーク、読者じしんが属している社会的ネットワーク、感情を構成する心的なネットワークがそれぞれ作品に重ねられ、都度、刺激し合うという状態です。

「わからなさ」をわかるということ

さて、オブフレッドは「司令官」と夜ごと密会し、「司令官」の自室で言葉遊びのゲームをしたり、書物を借りて読んだりといった日々を送ります。その過程で「司令官」とオブフレッドとのあいだには、単なる子作りのための関係以上の、いわゆる友達以上恋人未満のような間柄が芽生え始めます。

もっとも、それは文字通りのロマンティックなものではありません。なぜならばオブフレッドの「前任の侍女」もまたおそらく「司令官」と同様の関係になっていたと思われるからです。しかしその「前任の侍女」はもういません。「前任の侍女」がいないからオブフレッドはそこにいるのです。「前任の侍女」はなぜもういないのでしょうか。「司令官」に殺されたのでしょうか。それとも反政府組織の手引きで屋敷から脱出することができたのでしょうか。その謎はオブフレッドがクローゼットの片隅でみつけた、「前任の侍女」が書き残したであろう文字列に込められたメッセージから理解できるのではないか、とオブフレッドは考えます。

しかし、このメッセージがもし反政府組織に関連する意味を持っていた場合、その文字列のことを迂闊に口にすればオブフレッドの身も危ういことになります。慎重に言葉を選びながら、オブフレッドはその文字列に心当たりがないか「司令官」に尋ねます。すると「司令官」は照れ笑いを浮かべながら、それは自分が学生時代に教科書に書いた落書きのことだと話します。おそらく「前任の侍女」は、この文字列を「司令官」の部屋で目にして、忘れないように心に刻み、それだけでなく人目につかないクローゼットの片隅にも刻み込んだのでした。その言葉は「Nolite te bastardes carborundorum」。「司令官」によれば、この文字列は「やつらに虐げられるな」という意味になります。学生時代にラテン語を学んでいた彼は、ラテン語の文法を勉強しながら勉強にうんざりして、このような強がりを教科書に落書きしていたのです。この文句はおそらく「司令官」の上級生が教えてくれたものだろう、と彼は言います。

この文字列の意味が司令官からオブフレッドに伝えられる場面の衝撃は、どのようなものでしょうか。司令官は、自分の懐かしくも少し恥ずかしい過去の落書きの話をしているだけです。しかしその「やつらに虐げられるな」という文字列のメッセージは、オブフレッドにとっては「前任の侍女」からの決死の伝言という特別な意味を持ちます。

「わからなさ」の裏に潜ませた何か

小説『侍女の物語』を構成する文字列は主人公であるオブフレッドを中心的なハブとして構成されるネットワークですが、作中の社会構造においては、オブフレッドの社会的なネットワークは権力によって制限されています。貧弱にされたオブフレッドの社会的なネットワークに対して、「司令官」の社会的なネットワークは強力です。「Nolite te bastardes carborundorum」という文字列をめぐるオブフレッドと「司令官」のエピソードは、異なる社会的ネットワークがひとつの文字列を介して接続されるという例だと言えるでしょう。それは「上級生に教わったジョーク」を、学生時代にラテン語で落書きをした」という「司令官」の記憶を含む内的なネットワークと、「クローゼットで見つけた誰にも言えない文字列」という記憶を含むオブフレッドの内的なネットワークが出会い、すれ違う場面でもあります。そしてこのとき、オブフレッドは「前任の侍女」がどのような気持ちでこの文字列を記憶し、クローゼットに刻みつけたのかを理解します。

もう一度、『侍女の物語』の語りの構造を思い出してみてください。語り手と思われるオブフレッドが生きている時代は女性がものを書くことを禁じられています。そもそも「オブフレッド」という名前すら政府によってあてがわれた偽名であって、彼女の個性は徹底的な抑圧に晒されています。オブフレッドはどのようにしてこの「物語」を書き記したのでしょうか。その謎は、作品の最後に明かされることになります。『侍女の物語』は、語り手の生きた時代が終わりを迎えてから、「かつてオブフレッドと呼ばれた人物」が語り残した音源を研究者が再構成したものという体裁になっています。つまり、作品内ではオブフレッドが誰なのかは、「前任の侍女」と同様に誰にもわからないのです。いちおうこの「作品」を書いたのは作家のアトウッドなのですが、虚構上は「誰が書いたのかわからない」ことになっているのです。

身元のはっきりとした作家が書き、実在する版元が刊行し、やはり身元のはっきりとした翻訳者が翻訳して、またたしかに実在する版元が訳書を刊行してはいるものの、その「作品」というパッケージの中身は、「誰が書いたのかわからないもの」になっています。そして「司令官」が何気ない冗談として捉えていた「文字列」が、オブフレッドと「前任の侍女」にとって命の危険を賭すに値する意味を持っていたように、『侍女の物語』という作品を構成している長い文字列は、無数の書物の海の中で読者によって発見されることになります。読者は本作を読んで、「司令官」がオブフレッドの何をわからないのか、その「わからなさ」を理解し、オブフレッドと「前任の侍女」がその「わからなさ」の裏に潜ませた何かを受け取ります。

『侍女の物語』は、当たり前のことですが、ほかの書物と同様に、読まれるまでは読者から隔絶されています。本書のなかに書かれている言葉のひとつひとつは互いにネットワークをなしていますが、本作を読んでいないひとの脳内のネットワークには接続されていません。読者が物語を読むことによって、読者の内的なネットワークと、書物の中の言葉のネットワークが結びつきます。作品が断片的に読者に記憶され、読者の内的ネットワークに取り込まれていきます。

「司令官」はオブフレッドにとっての文字列の意味を理解することができません。「司令官」とは別の意味で、「前任の侍女」もまたオブフレッドにとっての文字列の意味を理解できません。「前任の侍女」はもうそこにはいないからです。したがってオブフレッドが理解した「意味」は彼女の勝手な思い込みにすぎないかもしれません。誰にもその正しさを保証してもらうことができないのですから。

オブフレッドと同様に、読者もまた「答え合わせ」することができません。『侍女の物語』という作品を構成している文字列には、たしかにはっきりとした作者がいます。作者に意図を尋ねれば、ある意味で「正解」を得ることはできるかもしれません。しかし、わざわざ作品の末尾で「オブフレッドの実在すらもあやふやになっている」と書いているのですから、作者はおそらく「語り手」が曖昧でもメッセージが伝わることを描きたかったのだと考えられます。

あるいは、メッセージの伝わりにくさをこそ描きたかったのかもしれません。その場合、作者に「正解」を尋ねても、単純な仕方では答えてくれないでしょう。「伝わりにくさ」と、「伝わりにくさを超えてメッセージが伝わること」という矛盾する現象がそこには描かれているからです。

ビオトープからテラフォーミングへ

ネットワークの奥へ進み、自分のネットワークをつくる

読書に限らず、現代に生きるわたしたちはえてして「新しいもの」をはじめとする刺激の強いものを求めがちです。しかしそれは環境に促されてそうしてしまっているだけかもしれません。自分は何を大事にしているのか、それを大事にしたい自分は何なのか、こういった問いをおろそかにしたまま強い刺激だけを追い求めていけば、行き着く先はバーンアウトに他ならないでしょう。

「己を知れば百戦あやうからず」という『孫子』の有名な一節があります。『孫子』は兵法書、つまり軍隊の運用のための指南書です。自分を取り巻く環境を知り、その環境のなかで自分は自分をどう運用しているのか、それが「己を知る」ということです。日々刻々と変化し続けるさまざまな要素が構成する「環境」というネットワークのなかに、また

日々刻々と変化している要素の組み合わせとしての「自分」を見い出す。環境というネットワークと、自分というネットワーク、この二層のネットワークを動的に捉えるにはどうしたらいいのでしょうか。

自分を取り巻く環境を捉えるということは、自分の生活を構成しているさまざまな要素が互いにどのような関係を持っているのかを知ることです。自分をとりまく社会がどうなっているのか。なぜ、どのようにそのような社会になっているのか。あるいは、自分の生きている世界がどのような物理に支えられているのか。そういったことを知ることには、わかりやすく意味があります。

また自分が何をどのように考え、どのような空想をしているのかを知ること、あるいは自分の身体がどのようになっているのかを知ること、つまり自分を構成する要素と、それらの要素がどう組み合わされているのかを知ることは、自分を知ることです。

「環境」と「自分」は二つの層として捉えることができますが、さまざまな局面で接してもいます。何かを食べるとき、その食材はもしかしたら遠いどこか海外の産地で収穫されたもので、長い流通経路にのって届けられ、誰かの手で調理されたものかもしれません。そしてその産地での農業のあり方、流通網の仕組み、調理法それぞれにきっと歴史があります。そしてその食べ物を食べるとき、味覚が感じられ、栄養が摂取されます。そのときどきの体調によって、その経験は都度、異なったものとして経験されるでしょう。たったいま口にしたその食べ物について、文化的な背景を意識するかどうか（郷土料理やクリスマスケーキ、おせち、エスニック料理）、単に空腹を満たすだけで何も考えていないのか、何をいつどのように食べるのかという単純な行為だけでも、さまざまな要素の組み合わせになっています。

環境も自分も、それと意識しなければ分割されていない大きなひと塊の何かでしかありません。よく目を凝らすように意識を向けるからこそ、解像度があがり、それまでは意識されなかった細部がクローズアップされて、またさらに細かく深く理解する可能性がひらけていくことになります。読書は、環境や自分についての解像度をあげるのに役立ちます。

環境や自分じしんを構成している諸要素と、それらの諸要素が互いに関係し合って構成されるネットワークは、それと意識されていない状態でも、つまりそれを知らない状態でも、存在してはいます。ひとが空を見上げるまでは意識されない星々のように、そこに存在しているのにもかかわらず、意識されないし知られてもいないのです。

テラフォーミングとは何か

ヒトを含む様々な生物種を産み、数十億年という時間をかけて育んできたのは、この地球という惑星です。人類は、宇宙工学を発達させ、将来的には宇宙旅行や地球外惑星への移住も可能かもしれないという夢を抱くようになりました。ただ、地球外の火星をはじめとする惑星の環境は、地球と違ってヒトが住むのには過酷すぎます。

たとえば火星には地球のような大気がなく、地表の熱が宇宙に逃げていってしまいます。宇宙船で火星に着陸することができたとしても、ヒトは宇宙服なしには呼吸もままならないし、寒くて生きることもできません。ヒトだけではなく、植物も育たないから野菜や穀物を育てられません。もしも火星でヒトが半永久的に暮らす「火星移住」を実現させたいならば、大気を生み出すことが必要になります。

このように、地球（テラ）ではない星に地球のような環境を造成しようとすることを「テラフォーミング」と呼びます。他の惑星に地球の環境を再現しようとする試みはスケールが大きすぎて、まるで夢物語のように思われるかもしれません。しかし、テラフォーミングは実際に各国で研究が進められています。惑星規模の環境改変について研究することは、ひるがえって足元の地球環境への理解を深めることになり、近年ますます問題とされている気候変動への対処法に応用されるなど、副次的な意義も認められています。

地球の気候は赤道近くがもっとも年間の気温が高く、南北の極点に近づくにつれて気温が下がっていきます。これは地球に熱を与えている太陽からの距離が影響しています。太陽光が地球の地表を暖め、その熱を大気がどれくらい保持しているかが気温を左右します。地球は自転しているので、一回転ごとに太陽に面している部分、つまり「昼」の部分は太陽光を受け取り暑くなり、太陽から遠ざかる部分、つまり「夜」の部分は相対的に寒くなります。

また、地球の表面は、陸地と海などの水面に大別されます。太陽光を受けた陸地はそのまま熱せられて大気を暖めますが、海などの水面は陸地と比べて光の反射率が高く、相対的に大気を暖めにくく、陸地よりも涼しくなります。暖かい空気は軽くなるので上昇し、暖かい空気が上昇して生じる隙間に、周囲の冷たい空気が流れ込んできます。実際にはもっと複雑ですが、海から陸地に向けて風が吹き込んでくるのはこのようなメカニズムです。

地軸が傾いている地球が太陽の周りを公転していることによる季節ごとの寒暖差や、自転によって生じる力などもあります。赤道から極点に向けての南北の寒暖差、自転による昼夜の寒暖差、陸地と海面の反射率の違いによる寒暖差、これらが地球の大気をかきまぜているのです。

地球ではない惑星に地球のような環境を作り出すためには、地球と全く同じとは言わないまでも、ある程度は地球に条件を近づける必要があります。たとえば火星ならば火星の条件があります。地球の太陽との距離は約一億五千万キロメートル、これに対して火星の太陽との距離は約二億四千万キロ。惑星との質量としては、火星は地球の約半分です。火星は、木星や土星のような巨大ガス惑星ではなく、地球と同じく岩石でできた岩石惑星でもあります。太陽からの距離が地球よりも遠いという点は、条件としては厳しそうですが、太陽系で地球よりも外側にあって、地球の次に太陽に近い惑星が火星です。地球よりも太陽に近い水星や金星は太陽光が強すぎるため、火星よりも過酷な条件だといえるでしょう。

このように、複数の条件の組み合わせを前提に、テラフォーミングは計画されることになります。対象となる惑星のさまざまな条件をどう組み替えることができるのかを研究し、組み替えていくことで移住可能な環境を実現しようとすることがテラフォーミングなのです。

不毛の惑星を住みやすいものに作り替える

たとえば、火星には「大気が無い」という条件があります。この条件は、「太陽光から地表が受け取った熱を保持できない」という別の条件につながります。「熱を保持する大気が無い」ことは、「地表で生物が暮らせない」ということです。

なぜ火星には大気が無いのでしょうか。厳密には、火星には大気が無いわけではありません。火星には大気はありますが、地球と比べてあまりにも少ないのです。その原因はやはり複数ありますが、ひとつ挙げるとすれば、火星という惑星の質量が小さいために、重力で大気を繫ぎ止めておくことができないということがあります。

火星には大量の温室効果ガスとその素材となる物質が凍結して存在していると言われています。昨今、地球温暖化が懸念されていますが、火星をテラフォーミングするためには、地球では忌み嫌われている温室効果ガスを大量に発生させることが有効だという説があります。火星で温室効果ガスを生産できるようになれば、大気の層が厚くなり、先ほど書いた「大気が無い→太陽光エネルギーの熱を保持できない」という条件は反転します。大気の層が厚くなり、太陽からの熱はどんどん蓄積され、火星が温暖化すると考えられるのです。

火星にはかつて水が存在していたことが火星探査によって判明しています。大気の造成に成功し、気温を上昇させることができれば、蓄積されていた水が溶け出して、植物を生育することが可能になります。かくして「緑の火星」が可能になる、というシミュレーションが提示されています。

このように、まさに草木一本ないような不毛の惑星も、条件を変化させることによって緑化の可能性を創造することができるようになります。火星に大気が無い理由として提示した重力の問題については、簡単に解決できないと思われますが、何かの条件を変化させることで解決できるかもしれません。

すでに存在しているけれど、自分にとっては不毛な要素のネットワークがあるときに、そのネットワークの要素を組み替えることで自分がそこに住み、やすらうことのできるネットワークを書き換えることがテラフォーミング的なのだと考えてみましょう。まったく読んだことのない本を読み、ピンとこないようなとき、そのピンとこなかった本は地球外惑星のようなものです。自分にとっては不毛な要素のネットワークがそこにあります。

再読を繰り返すと、自分には最初わからなかった要素の結びつきがわかるようになっていきます。繋がりが見えていなかったところに繋がりを見出せるようになり、また自分なりに繋がっていると考えられる要素たちが現れるようになります。その本のなかの要素を捉えられるようになるにつれて、解像度が上がり、別の「わからない」部分が現れてくるようになるでしょう。

その本を読む前には、その本のなかにしか存在していなかったネットワークが、読者によって読まれることで組み替えられるようになります。その組み替えは、再読のたびに行われます。

ただそこにあるものを組み合わせていく

かつてわたしは『積読こそが完全な読書術である』で、情報の濁流のなかに自律的な積読環境をつくることを提案し、それを「ビオトープ的積読」と呼びました。同様にテラフォーミングは、言葉のイメージはより巨大な惑星規模のものですが、読者の内的な経験を指している概念です。

ビオトープ的積読は、絶えざる新陳代謝と整理によって自分じしんの関心を繰り返し吟味することで、自分の周囲に防波堤を築くようなニュアンスを込めた言葉でした。テラフォーミングは、その防波堤を改築したり、増築するための考え方だとも言えるのではない

永田希

再読だけが創造的な読書術である

読書猿氏推薦！　本を繰り返し開くことは自分自身と向き合うことである。既知と未知のネットワークを創造的に発展させ、「自分ならではの時間」を生きる読書論。

81682-5　四六判（3月20日発売）１９８０円

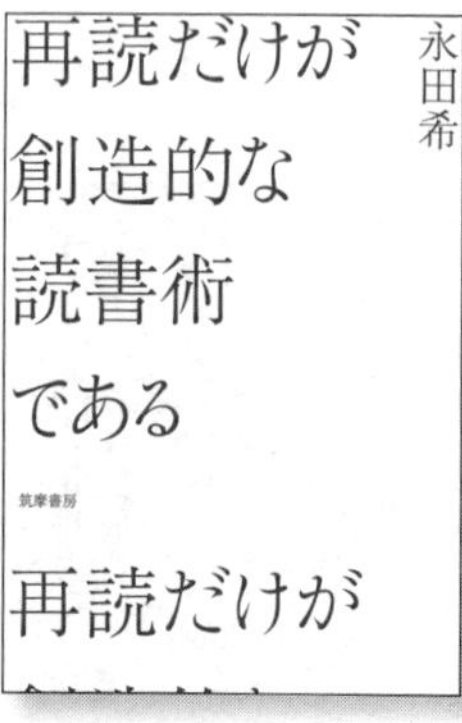

白象の会　近藤堯寛監修

空海名言法話全集　空海散歩〈全10巻〉

第10巻　大日の光

弘法大師御誕生千二百五十年に向けた記念全集最終巻。名言218句に込められた、最高の智慧をもちこの世のすべてを照らす大日如来の働きと、仏への道を解く。

71320-9　四六判（3月13日発売）２６４０円

6桁の数字はISBNコードです。頭に978-4-480をつけてご利用下さい。

3月の新刊 ●17日発売

筑摩選書

0250

丸山眞男と加藤周一

▼知識人の自己形成

山辺春彦（東京女子大学丸山眞男記念比較思想研究センター特任講師）

鷲巣力（立命館大学加藤周一現代思想研究センター顧問）

戦後日本を代表する知識人はいかにして生まれたのか？出生から敗戦まで、豊富な資料とともに二人の自己形成過程を比較対照し、その思想の起源と本質に迫る。

01771-0
1870円

0251

戦後空間史

▼都市・建築・人間

戦後空間研究会 編

住宅、農地、震災、運動、行政、アジア…戦後の都市・近郊空間と社会を考える。執筆：青井哲人、市川紘司、内田祥士、中島直人、中谷礼仁、日埜直彦、松田法子

01769-7
1980円

好評の既刊 ＊印は2月の新刊

雇用か賃金か 日本の選択
首藤若菜　クビか、賃下げか。究極の選択の過程を追う
01755-0 1650円

闘う図書館 ――アメリカのライブラリアンシップ
豊田恭子　民主主義の根幹を支えるアメリカ図書館とは
01758-1 1760円

「笛吹き男」の正体 ――東方植民のデモーニッシュな系譜
浜本隆志　名著『ハーメルンの笛吹き男』の謎を解く
01753-6 1760円

基地はなぜ沖縄でなければいけないのか
川名晋史　沖縄の基地問題は、解決不可能ではない！
01759-8 1760円

日本の戦略力 ――同盟の流儀とは何か
進藤榮一　日米同盟に代わる日本の戦略を提唱する
01760-4 2090円

人類精神史 ――宗教・資本主義・Google
山田仁史　人類精神史を独自の視点で読みとく渾身の書
01761-1 1980円

公衆衛生の倫理学 ――国家は健康にどこまで介入すべきか
玉手慎太郎　誰の生が肯定され誰の生が否定されているか
01762-8 1870円

平和憲法をつくった男 鈴木義男
仁昌寺正一　憲法9条に平和の文言を加えた政治家の評伝
01765-9 1980円

ストーンヘンジ ――巨石文化の歴史と謎
山田英春　最新研究にもとづき謎を解説。カラー図版多数
01763-5 2200円

東京10大学の150年史
小林和幸 編著　東早慶＋筑波＋GMARCHの歩みを辿る
01767-3 1870円

＊敗者としての東京 ――巨大都市の隠れた地層を読む
吉見俊哉　「敗者」の視点から巨大都市を捉え返す！
01768-0 1980円

＊変容するシェイクスピア ――ラム姉弟から黒澤明まで
廣野由美子／桒山智成　翻案作品を詳細に分析し、多様な魅力に迫る
01766-6 1760円

6桁の数字はISBNコードです。頭に978-4-480をつけてご利用下さい。

好評の既刊

＊印は2月の新刊

つっこみ力
パオロ・マッツァリーノ
「正しい」だけの議論には誰も耳を傾けません。必要なのはエンタメ精神。愛と勇気とお笑いで、データを見る目ががらっと変わること請け合いの一冊。
43864-5 880円

空芯手帳
八木詠美
女性差別的な職場にキレて「妊娠してます」と口走った柴田が辿る奇妙な妊婦ライフ。英語版も話題の第36回太宰治賞受賞作が文庫化！（松田青子）
43869-0 726円

オンガクハ、セイジデアル●MUSIC IS POLITICS
ブレイディみかこ　イギリスの出来事が、今の壊れた日本を予見する
43810-2 858円

傷を愛せるか 増補新版
宮地尚子　ケアとは何か？　エンパワメントとは何か？
43816-4 792円

神田神保町書肆街考
鹿島茂　日本近代を育んだ知と文化の一大交差点のクロニクル
43831-7 2200円

高峰秀子ベスト・エッセイ
高峰秀子　斎藤明美 編　大女優のおそるべき随筆を精選
43840-9 946円

砂丘律
千種創一　伝統と革新がしなやかに交わりあう新世代短歌の傑作、文庫化!!
43836-2 880円

人間の解剖はサルの解剖のための鍵である 増補新版
吉川浩満　結局、人間とは何なのか？　知ることの〈喜び〉に溢れた本
43834-8 1320円

O・ヘンリー　ニューヨーク小説集　街の夢
青山南＋戸山翻訳農場 訳　「賢者の贈り物」含む23篇を収録！
43850-8 1100円

小さいコトが気になります
益田ミリ　どーでもいいこと、確認中！
43855-3 660円

生きていく絵●アートが人を〈癒す〉とき
荒井裕樹　堀江敏幸氏、柴田元幸氏、川口有美子氏推薦！
43856-0 990円

十六夜橋 新版
石牟礼道子　紫式部文学賞受賞の傑作、待望の復刊！
43860-7 1100円

＊**82年生まれ、キム・ジヨン**
チョ・ナムジュ　「これは、わたしの物語だ」
43858-4 748円

＊**地理学者、発見と出会いを求めて世界を行く！**
水野一晴　アフリカ、南米、ドイツ…調査旅行は冒険に満ちている！
43805-8 990円

6桁の数字はISBNコードです。頭に978-4-480をつけてご利用下さい。

3月の新刊　●13日発売　ちくま学芸文庫

増補改訂 帝国陸軍機甲部隊
加登川幸太郎

第一次世界大戦で登場した近代戦車。本書はその導入から終焉を詳細史料と図版で追いつつ、世界に後れをとった日本帝国陸軍の道程を描く。（大木毅）

51169-0
1760円

増補 文明史のなかの明治憲法
瀧井一博
■この国のかたちと西洋体験

木戸孝允、大久保利通、伊藤博文、山県有朋らの西洋体験をもとに、立憲国家誕生のドラマを描く。角川財団学芸賞、大佛次郎論壇賞W受賞作の完全版。

51174-4
1430円

〈ほんもの〉という倫理
■近代とその不安
チャールズ・テイラー　田中智彦 訳

個人主義や道具的理性がもたらす不安に抗するには「〈ほんもの〉という倫理」の回復こそが必要だ。現代を代表する政治哲学者の名講義。（宇野重規）

51160-7
1210円

俺の人生まるごとスキャンダル
■グルダは語る
フリードリヒ・グルダ　田辺秀樹 訳

自らの演奏、同時代のピアニスト、愛弟子アルゲリッチ、ピアノメーカーの音色等々、20世紀を代表する巨匠が、歯に衣着せず縦横無尽に語る！

51173-7
1210円

Math & Science

科学的探究の喜び
二井將光

何を知り、いかに答えを出し、どう伝えるか。そのプロセスとノウハウを独創的研究をしてきた生化学者が具体例を挙げ伝授する。文庫オリジナル。

51171-3
1100円

6桁の数字はISBNコードです。頭に978-4-480をつけてご利用下さい。
内容紹介の末尾のカッコ内は解説者です。

3月の新刊 ●9日発売

ちくま新書

1712
東北史講義【古代・中世篇】
東北大学日本史研究室 編

辺境の地として倭人の大国に侵食された古代。豊かな天然資源が交易を支え、活発な交流が多様で独自性に富んだ地域を形成した中世。東北の成り立ちを読み解く。

07521-5
968円

1713
東北史講義【近世・近現代篇】
東北大学日本史研究室 編

米穀供給地として食を支え、近代以降は学都・軍都として人材も輩出、戦後は重工業化が企図された。度重なる災害も念頭に、中央と東北の構造を立体的に描き出す。

07522-2
968円

1714
職場のメンタルヘルス・マネジメント
▼産業医が教える考え方と実践
川村孝（京都大学名誉教授）

社員が会社に来なくなった……。悩ましい事例にどう対応したらよいか。実務から考え方まで、管理職や人事担当者が押さえておくべきポイントをわかりやすく解説。

07542-0
924円

1715
脱炭素産業革命
郭四志（帝京大学教授）

今や世界的な潮流となっているカーボンニュートラルへの動きは、新しい生産・生活様式をもたらす新段階の産業革命である。各国の最新動向を徹底調査し分析する。

07543-7
1265円

1716
よみがえる田園都市国家
▼大平正芳、E・ハワード、柳田国男の構想
佐藤光（大阪市立大学名誉教授）

近代都市計画の祖・ハワードが提唱した田園都市は、柳田国男、大平正芳の田園都市国家構想へとどのように受け継がれてきたか。その知られざる系譜に光を当てる。

07545-1
1012円

1717
マイノリティ・マーケティング
▼少数者が社会を変える
伊藤芳浩（NPO法人インフォメーションギャップバスター代表）

マーケティングは、マイノリティが社会を変える武器になる。東京オリパラ開閉会式放送への手話通訳導入などに尽力したNPO法人代表が教えるとっておきの方法。

07540-6
990円

6桁の数字はISBNコードです。頭に978-4-480をつけてご利用下さい。

でしょうか。

強くも激しくない、繰り返しのなかでただ発見されるだけの、前からそこにあったものの繋がりを自分のものとして捉えること。『侍女の物語』の「司令官」と「前任の侍女」とでは、同じ言葉がそれぞれの異なるネットワークにおいて異なる意味を持っていたこと。「前任の侍女」が「司令官」から得た文字列は、「前任の侍女」とオブフレッドのネットワークによって独自の意味合いを持つようになります。

同じ本を繰り返し読むことは、同じ文字列に自分の独自の時間を何度も重ねることです。自分の時間を繰り返し重ねることで、読者じしんを構成し、読者もまたそのネットワークを構成しているネットワークに、その本が組み込まれていくのです。

第四章

再読だけが創造的な読書術である

読書の創造性と不可能性

創造性とは「組み合わせ」である

初体験信仰を離れ、強さ＝激しさや、新しさの価値づけを離れて、自分のために再読をするにはどうしたらいいのでしょうか。

新しくも凄くもなく、どこへも暴露されない何かを読者が得ること。わたしはそれを「テラフォーミング」にたとえています。地球外の惑星の環境を、地球の環境のように改変するテラフォーミングは、単なる地球の複製を作ることとは異なります。画布の上に絵の具で何かを描くとき――たとえば静物画でテーブルの上の果物が描かれるときに、果物が複製されているのではないように、テラフォーミングは地球化といいながら実際には地球ではないものが構築されます。

それはテラフォーミングというより、「創造的」と書いた方がわかりやすいかもしれません。「創造的であるということ」は、それだけではたいしてありがたいものではありません。創造的であるということは、組み合わせのパターンが独特であるということにすぎないからです。創造的であることは、実はありふれています。そのありふれた創造的なもののごとのなかで、何がより好ましいのかを自分で感得し判断できるようになること、そのための感性や思考を自分のものにすることがまずは重要です。

あらゆる読書が再読であるとか、よりよく読書するためには再読が肝要であるとか主張したところで、所詮は他人が創造した書物を鑑賞するにすぎない読書や再読は、結局のところ徹頭徹尾「受動的」なことだと思われてしまいがちです。

しかし、創造的だと思われている物事を具体的に思い浮かべてみると、それらは既存の何かの組み合わせを変えていることだとわかるのではないでしょうか。前衛芸術の象徴的な作品を残したマルセル・デュシャンの有名な便器（作品名は『泉』）は、そのことをとてもわかりやすく示しています。ピカソやそれ以前の画家たちも、絵の具と絵筆、キャンバスの「組み合わせ」をこそ提示していました。さまざまな色の絵の具と絵筆のタッチ、画布の上の位置づけ、描き出される図像が帯びている意味のネットワークのなかの位置づけ、これらの諸要素が織りなすネットワークを、作家たちは組み替えているのです。哲学者や小説家たちも、言葉の「組み合わせ」をさまざまに組み替えて思索したり創作をしてきたのです。

ある種のひとたちが芸術や哲学、文学を尊いものだと感じるのは、浅い次元では彼らが社会的に評価されているからに過ぎませんが、より深く向き合っている場合には、彼らの「組み合わせ」の組み替えかたに、どう生きるか、どのように付き合うか、という態度をみてとっているのだろうと思います。

「未知のジャンル」に挑むときにこそ再読を

「再読を意識したいタイミング」は、「新しいジャンルに興味を持ったとき」です。もちろん、再読したいときに再読すればいいというのが真理ですが、そうはいっても、基本的に再読というのは面倒で億劫なものです。であれば再読のチャンスを覚えておいて、折に触れて思い出すようにするといいのではないでしょうか。

さて「新しいジャンルに興味を持ったとき」に再読をするというのは一見すると、意味不明なのではないかと思います。なぜ新しいジャンルに手を出そうとしているときに、すでに読んだはずの本を再読したほうがいいのでしょうか。

よく知られた格言に「急がば回れ」があります。何かを急いでやりたいときこそ、いったん立ち止まってこれからやることを棚卸しをしたり整理してから、事に臨んだほうがいい。しかし、「急がば回れ」が正しいことを知っていても、どう「回る」べきなのでしょう。急いでいるときに、最短ルート距離が見えた気がしたなら、その道めがけて突進したくなるのは当然のことです。そんなときには、回り道は目に入らないのが普通です。そして普通はそうであるからこそ、普通ではない方法を意識する必要があります。

これまで再三くりかえし書いてきたように、再読とは、書物と書物、言葉と言葉のネットワークを再編成することでした。新しいジャンルに手を出そうとしているとき、読者は自分のなかの書物のネットワークを、「新しいジャンル」という未知の書物のネットワークに接続しようとしています。

新しいジャンルに手を出す前に自分の知っている本を読み返しておくことは、未知のネットワークに接続する前に、自分のネットワークを整頓しておくという意味をもちます。たとえば、中国の哲学や思想史に関心を持ったときに「中国思想史」「中国哲学史」といったタイトルの本を手に取るのは簡単です。あるいは「人新世」に興味を持った際には、Amazonなどで検索窓に「人新世」と打ち込んでもいいかもしれません。これは「最短ルート」です。

「中国思想史」や「人新世」についてよく知らないとき、「これらについて書かれたものが構成してる確かなネットワークがある」と考えがちです。自分はそれについてよく知らず、これからある程度その分野、ジャンルについて知ることができれば、その分野、ジャンルのことを理解できると思っている。しかし足を踏み入れてみると、そこは全体の輪郭を知ることすら難しい迷宮のようなものであるということを思い知らされるばかりです。

さっさとそこに飛び込んで、その迷宮を彷徨い、うろつく体験を味わいたい。それでいいじゃないかという意見もあるでしょう。それもひとつの方法です。しかしわたしが提案したいのは、「急がば回れ」を採用し、飛び込む前に、迷宮の輪郭を眺めてみることです。

たとえば「中国思想史」を勉強したいと思ったとき、自分がこれまで読んできたもののなかでそれらしきことが書かれていたものが何だったのかを棚卸ししてみましょう。横山光輝の『三国志』や、原泰久『キングダム』、星野之宣『海帝』などのマンガ、小説なら近年ベストセラーになった劉慈欣『三体』シリーズ、あるいは日本でも古くから古典として読まれてきた孔子『論語』などの中国の古典やそれらの解説書でも構いません。

「人新世」を勉強したいと思っているならば、この言葉が作中に登場して一部で話題になった映画『天気の子』、あるいは、もし読んだことがあればいわゆるＳＤＧｓ関連のビジネス書でもいいでしょう。「人新世」は地質学的な概念なので、地震や地球科学に関する本を読み返してもいいでしょう。そしてＳＤＧｓや「人新世」というキーワードが取りざたされる前から似たような議論を展開していたエコロジーや自然破壊、環境問題についての本を読んだことがあれば、あらかじめ読み直しておいてもいいはずです。

「急がば回れ」の正体

回り道をすることで、時間稼ぎをし、その時間で自分のなかの知見を棚卸しすることができる。この棚卸しは、目先の目標である「新しいジャンル」を理解するということを効率化するための方策です。

ひとは、いちどにたくさんの目的を持って行動することができません。何かに集中すればするほど、ひとつかふたつの目標をめざすので精一杯になります。なので、新しいジャンルに取り掛かり、その理解を最短に効率化するためにあえて遠回りとして自分の読書遍歴を棚卸しする、という行為はだいぶストレスフルな行動になるでしょう。

そもそも面倒で億劫な再読を、ストレスフルな状態で実行するのはいっそうしんどく感じられるでしょう。なので、以下にわたしが書くことは、実際に再読をするときには忘れてしまったほうがいいかもしれません。実際の再読をするときには、あくまで「新しいジャンルに取り掛かる前の棚卸し」として再読をしましょう。

以下にわたしが書くのは、その表面上の目的のもっと深くにある目的です。「新しいジャンルに取り掛かる前の棚卸し」という表面上の目的のために再読をすることで、いつか未来になって思い返してみたときに、結果的に気がつくことになるであろう効果です。

つまり、新しいジャンルに手を出したいときほど、自分が過去に読んだ本を読み返すべきであり、そのときは再読をしながら「これが結局は最短のルートなんだ」と思えばいいのです。その再読が読者のなかでその読者なりの書物のネットワーク、その読者なりの知識や概念の唯一のネットワークを構成していくのですから。

ここでわたしが書くことは、実際に再読をする時には忘れてしまって構いません。再読をすることに抵抗を感じたときにだけ、思い出してくだされば結構です。

再読は、読者それぞれの読んできた書物どうしのネットワークを、読者それぞれが読んできた知識や概念のネットワークを、組み替えて再構築する行為です。新しい分野、新しいネットワークに手を出す前に、自分の知っている（つもりの）ネットワークを組み直しておくことで、新しく触れる未知のネットワークと自身のネットワークをより深く結びつけることができるようになります。この「より深く結びつけられる」ということが「急がば回れ」の正体です。

横山光輝『三国志』を読んでおくことで、自分なりの故事についての知識が自分のなかに重ね書きされます。どの故事が印象に残るかは読者しだいでしょう。そして、自分のなかで重ね書きされた故事が、中国思想史に本格的に取り組んだときに新しい文脈を生み出すことになるでしょう。

「それがあるかもしれない」と期待すること

ところで、再読の億劫さ、面倒さについて、読む前に感じる一番の抵抗感は「もう読んだから何も新しい知識を得られないだろう」という思い込みに由来します。「新しさ」だけに価値を与える考え方に問題があるのは既に『激しい生』のくだりでふれたとおりですが、だいたい再読のときに「新しい知識には出会えない」という思い込みは正しいのでしょうか。

ひとは読書をするときに読み落としをしてしまいますし、たしかに読んだはずなのに忘れてしまうことがあります。再読の際に、読み落としていた箇所や、読んではいたけれど忘れていた部分に出会い直す場合、そのことが「新しく出会う」ことよりも価値のないことだと誰が言えるでしょうか。

「あっ、ここは前回は読み落としていたな」と思うこと、「前に読んだ時よりも印象的な気がするぞ」と思うこと、そのひとつひとつによっても、その箇所には他の部分とは違った独特の重みづけが読者のなかの独自のネットワークにおいてされるようになります。

この重みづけは、読み落としや失念という意図的には不可能な、その瞬間ごとの読者それぞれに固有の体験が可能にするものです。再読の意義を知らないひとは、かつて読んだ本のなかの読み落としていた箇所や、読んだかもしれないけれど忘れてしまうような印象しか持たなかった箇所について、この独特な重みづけを加えることを軽視しているか、まったく理解していないのでしょう。

ときどき、「この本を読んだけれど、知っていることばかり書いてあった」という感想を口にするひとがいます。本当にそのとおりである可能性も否めませんが、しかしそれが本当であるかを判定できるひとはいません。単に、読み落としや、読み間違いの可能性を自分で否定しているだけの傲慢な態度に陥っている可能性もあるのです。

「再読はテラフォーミングである」と言うことには、読み落としや読み間違いを認識して、読者がじぶんのなかの既存のネットワークを組み替えることを意味しています。

テラフォーミングとはもともと地球外惑星を地球化して居住可能にすることを指していますが、再読を繰り返すことで、読者は自分から縁遠かった書物のネットワークや概念や知識のネットワークをあたかも居住可能な場所であるかのように、組み替えていくことになるのです。

テラフォーミングは、地球ではない惑星の、地球とはかけ離れた不毛な条件を前提にしています。とりつく島もなさそうな意味不明な概念群、自分とは関係なさそうな知識のもつれあい、そういった不毛なネットワークにアクセスし、安住できるようにそれらを組み替え、自前の何かを足したりもしつつ、組み替えをおこなうことなのです。

実際のテラフォーミングは単なる夢物語に過ぎないという評価もされています。そもそも地球の環境すらコントロールすることができず、温暖化や水不足、天災への対処の不備で各国の政府は右往左往し、ときには資源やその運搬経路をめぐって複数の国家が対立し、地球のなかだけの問題も満足に解決できないのに、他の天体を改造するなんて、と。短期的にみればもっともな意見ですし、悲観的な立場からはこれ以上の議論は不可能でしょう。

しかし、「地球上」という限界のなかで考えているからこそ、資源の奪い合いが生じているとは考えることもできます。図抜けた楽観主義に思われるかもしれませんが、他の惑星を開発可能だと仮定することで、現状の前提に課されている限界が解除されるかもしれないのです。

そうはいっても実際のテラフォーミングは非常に困難です。人類はまだやっと、月に立てたことを喜ぶのが精一杯で、他の天体には降り立っていません。再読をテラフォーミングにたとえてしまうと、実際のテラフォーミングの不可能性が逆流してきて、再読も不可能だと主張することになりかねません。

そんなことは無理かもしれない、という疑いを前提にしながら、でももしかしたら可能かもしれないという正反対の期待をもち続けること。これもやはりとてもストレスフルな話ですが、しかし読書の根本にかかわる必須の姿勢です。なぜなら、ある書物のある箇所において「そこに書かれていること」は「それが書かれているその場所」には当然ながら存在していません。「象」とか「林檎」と書いてあるところには、象や林檎は存在しません。そこにそれが存在しないことが自明でありながら、その存在を想定することができるということが読書を可能にしています。

あらゆる宗教や神話、物語、そして擬似科学や偽の歴史書が存在しうるのは、書物にこのような反実仮想の機能があるからです。書物と書物のあいだのネットワークも、知識と概念のネットワークも、読者が「それがあるかもしれない」と期待することでしか存在しえない、とても儚いものだということは告白しておく必要があるでしょう。

再読という行為が創造的なのは、読書の不可能性と不可分で表裏一体の考え方です。そこにないものを想像してしまうこと。読書に不可欠な想像のプロセスを組み合わせ、そこに存在しないものたちのネットワークを組み替えていくこと。それの繰り返しが再読なのです。

続く節では、「古典」と「ベストセラー」を例にして、実際にどのようにわたしたちは再読をすることができるのかを見ていきます。

古典を再読する

古典とはどういうものか

あらゆる書物のなかで、繰り返し読まれてきたものは「古典」と呼ばれます。繰り返し読まれることに耐え、繰り返し読まれるそのたびに新しい読みを加えられてきた、耐久性と読みの多重性を備え持つ本のことです。学校教育の場で「古典」という科目を学んだことがあるひとは少なくないかもしれませんが、その講義を受けているときに、扱われている書物の耐久性や意味の多重性を教わったことはあるでしょうか。

ある書物を「古典」として見るときには、その書物に「時代を超えて読まれる価値」が認められていること、そしてその理由を知ることが大事です。ある書物が「古典」であるとき、その本を「古典」たらしめている性質、つまり「耐久性」が何によるものなのかに目を向けるべきなのです。

たとえば古代ギリシャに生きた、哲学の父と言われるプラトンの主著に『国家』があります。ほかのプラトンの著作と同様、プラトンの師匠であるソクラテスを主人公に、仲間たちと「理想の国家はどのようにあるべきなのか」を議論する様子が描かれます。『国家』は哲学の古典であるだけではなく、「理想の国家はどのようなものであるべきか」という政治学の根本を論じた一冊でもあります。

『国家』は、プラトンが創設した学校機関「アカデメイア」の教科書として書かれたものでもあります。プラトンの弟子のひとりに、現代科学のほぼ全てにわたる分野を論じ、「百学の天才」とも呼ばれた哲学者アリストテレスがいます。そのアリストテレスも『国家』を読んでいました。アリストテレスは師プラトンを批判して独自の政治理論を提唱していたので、アリストテレスの政治観を知るためにも『国家』は読まれることになります。

古典を読むときに意識したいのは、「なぜそれが古典として捉えられるようになったのか」ということです。誰が、いつ、どのような状況で、その古い書物を読み、時代を超えた意義を認めたのかというポイントを摑もうとしてください。古典とされている当のその書物のネットワークだけでなく、その書物を「かつて再読した誰か」のネットワークが、その古典によってどう組み替えられていたのか、ということです。

『国家』であれば、古典とされている理由はプラトンの著作のなかでもっとも大部の著作だということが挙げられますが、それだけではありません。プラトンが生きた時代のギリシャにとって、とりわけ、その中心地でありプラトンじしんが住んでいたアテネにとって、「国家とは何か」が喫緊の問題であったことも挙げられます。

古典と見なされるにいたった背景

古典には、それが「古典」と見なされるにいたった背景があります。その著者の書いたもののなかで「なぜ」「どのような経緯で」その作品がとりわけ古典と見なされたのかを意識することが重要です。しかし特定の作品が古典と見なされるにいたった経緯を知るのはすこし難易度が高いかもしれません。その場合は、「その作品の著者がなぜ古典の著者と見なされているのか」を考えるという方法もあります。

プラトンであれば、彼が現在のギリシャ出身だったことはほぼ誰でも知っていることだといっていいでしょう。ギリシャといえば、ヨーロッパの南部に位置しており、歴史的には「ギリシャ・ローマ時代」と呼ばれる時期に中心的な役割を果たした地域です。

プラトンが生まれ、またその人生の多くを過ごしたのは、現在のギリシャ共和国の首都にあたるアテネ（アテナイ）でした。当時のギリシャは「ポリス」と呼ばれる都市国家が林立し、互いに交易をしたり戦争したりしながら文明を緩やかに共有していました。『国家』にはたびたび戦争についての言及があるのですが、ここでいう戦争とは、隣国スパルタとの戦争（ペロポネソス戦争）などを指しています。スパルタとアテナイは戦争するばかりではなく、連合して地中海の東にある大国ペルシア（アケメネス朝）の侵攻を撃退したこともあります。アケメネス朝ペルシアはその後もギリシャ地方と緊張関係にありましたが、プラトンの弟子アリストテレスが家庭教師をつとめたアレキサンダー大王が率いるギリシャ軍（コリントス同盟軍）によって滅亡させられます。

アレキサンダー大王は大遠征を行い、エジプトを含むアフリカ北部から東はインドにいたる大帝国を建設しました。アレキサンダー大王の大帝国は彼の死後、重臣たちによって分割されますが、やがてギリシャの西方にあった都市国家からイタリア半島を中心に勢力を拡大するのがローマです。ローマは、マケドニアやエジプトを征服してふたたび大帝国を築きます。こうして「ギリシャ・ローマ時代」の「ローマ」の部分の時代が始まるわけです。

ギリシャ・ローマ時代は、歴史学の時代区分のなかで「古典古代」と呼ばれます。ローマ帝国が分裂してできた西ローマ帝国の滅亡（五世紀）によって古典古代は終焉を迎え、「中世」と呼ばれる時代が始まります。この「中世」は、レオナルド・ダ・ヴィンチやミケランジェロ、ラファエロらが活躍したルネサンス期の開始まで続きます。

ルネサンスはイタリア語で「再生」を意味する言葉です。「何」の再生かというと、これは「西ローマ帝国滅亡によって断絶し廃れた」と考えられていたギリシャ・ローマ時代の精神のこと。

西ローマ帝国滅亡後も、東ローマ帝国は現在のトルコを中心に勢力を保持していました。かつてアレキサンダー大王がエジプトに建設し、自らの名を冠したアレキサンドリアは伝説的な巨大図書館を擁する研究都市として有名です。アレキサンダー大王の死後、その帝国は分割され、アレキサンドリアはエジプトの首都とされました。ローマが版図を拡大する過程でエジプトとアレキサンドリアは征服され、ローマ帝国の東西分裂に際しては東ローマ帝国が引き継ぎました。六世紀から七世紀にかけてイスラム教が創始され、イスラム帝国が勢力を拡大し始めます。

やがてアレキサンドリアはイスラム勢力圏に属するようになり、プラトンの著作を含むギリシャ・ローマ時代の文献はイスラム教の言語であるアラビア語へと翻訳され、研究されるようになります。

ルネサンス期のイタリアには、地中海貿易によって『国家』を含むプラトンの文献がもたらされることになります。オリエント世界から香辛料や最新の数学などとともに輸入されることになったプラトンの思想は、当時あたらしく世界の覇権を手にしようとしていたヨーロッパとイタリアの知識人たちに、古くて新しい理想を教えてくれるものとして捉えられました。ルネサンス運動のパトロンとして知られるメディチ家の当主コジモ・デ・メディチはプラトン全集のラテン語訳をさせるなどプラトンに深く傾倒したことでも知られています。

コジモ・デ・メディチの名前や、ギリシャ・ローマ時代（古典古代）からルネサンス期にいたる当時の地中海周辺の歴史のことは、多くの読者は知らないことかもしれません。それでも、アレキサンダー大王の遠征や、ルネサンス、ローマ帝国などの名前はなんとなく知っているのではないでしょうか。「古典の再読」に際して意識してほしいのは、これらのような「なんとなく知っている知識」を再構成するチャンスだということです。

なお、過去の時代を「中世（暗黒時代）」と呼び、ギリシャ・ローマ時代の精神を再生させようとしたルネサンス運動を支持したひとびとは、何のためにギリシャ・ローマ時代の精神を再生させようとしたのでしょうか。

ルネサンス期のイタリアには、現在のイタリア共和国のように半島を統一する国家が存在していませんでした。西ローマ帝国以来ヨーロッパ全土の宗教的中心であったカトリック教会の中心バチカンが存在しているとはいえ、イタリアだけでもメディチ家のお膝元であるフィレンツェをはじめ、ヴェネツィアやミラノなどがしのぎを削り、さながら戦国時代でした。東方と南方からイスラム勢力の圧迫を受けつつ、自分たちヨーロッパ（キリスト教）の勢力は足並みが揃わず互いに争っているという情勢下で、キリスト教よりも古く、かつ東方に拮抗していた時代の哲学を「再読」しようとしたのがルネサンスだったのです。内憂外患はいつの時代も、どこの国でも悩まされる問題です。ただ、ヨーロッパの、それも都市国家から発展した地域に住むひとならば、自分たちの先祖が書いた本として『国家』を読むことができますが、それ以外のひとにとってはどこか対岸の火事のような話でもあるというところはあるかもしれません。

プラトンの受容に限らず、ルネサンス期の「再生」とはキリスト教徒たち（ヨーロッパ人、イタリア人）が新しく結束していくためのスローガンだったといえます。ルネサンス以前の勢力を中世的つまり暗黒時代的な時代遅れの勢力であると見なし、当時最先端の輸入文化（たとえばプラトンは東ローマ帝国経由）として衰退する前の栄光の時代の遺産を「再生」させようとしたのです。

したがってギリシャ・ローマ時代は「古典古代」と呼ばれたのです。ここでの「古典（クラシック）」とは、「最上級の」という意味です。日進月歩で技術革新がされ、文明が進歩しているという考えが一般的な現代からすると、古代にこそ最高級のものがあって、それを再生することが「最新」という感覚は少し不思議に思われるかもしれませんが、日本語にも「故きを温ねて新しきを知る（温故知新）」という表現があります。ちなみにこれももとは中国語の故事からとられています。

それまで知らなかった「つながり」

ある本が「古典」と呼ばれているとき、いつ、誰が、どういう理由で、それを古典と呼んでいるのかを具体的に知っておくことは無駄にはなりません。なぜならば、そうすることでその本が帯びている権威の構造を知ることにつながるからです。

読みやすいとか、この本で語られている「正義」をはじめとしたテーマに普遍性があるとか、いわゆる内容面にも『国家』が「古典」である根拠はあるでしょう。しかしそのような内容だけで書物は生き残ることはできません。

書物は何かに書かれ、その「書き留められた言葉」が「書き付けられたメディア」とともに保存されたものです。プラトンの書いた本は、プラトンの言葉を書き付けられた何か（たとえば紙の束）です。プラトンの『国家』という本は、ルネサンス以前のイタリアではほぼ読まれていませんでした。そもそもギリシャ語で書かれていた『国家』はヨーロッパではほぼ散逸しており、誰かが読みたいと思ってもアクセスのしようがなかったのです。ルネサンス以前のヨーロッパでは、プラトンの『国家』という書物はほぼ死んでいたと言えるでしょう。

死んでいたはずの『国家』が再生されたのは、ルネサンス期のイタリアに未訳版を持ち込んだ誰かがいるからであり、その翻訳のための費用を出した誰かがいるからです。そしてプラトンの翻訳事業を支援しようとしたその誰かが、そうするだけのメリットや情熱を得るにいたった経緯があるはずです。

「プラトン」「古代ギリシャ」「ルネサンス」「古典」「ローマ」「地中海」といった言葉だけを知っている状態のとき、それらの知識はバラバラになっています。しかし、振り返って、あらためてこれらの言葉を吟味してみると、それまで知らなかった「つながり」が見えてくるかもしれません。

既知の言葉、既知の知識を辿り直すことで、そこに未知の繋がりが現れてくるのです。繰り返すように、古典は、古くから読み継がれてきた書物のことです。これはつまり、古来より、読み継いできたひとたちがネットワークを構成してきたということにほかなりません。ある読者の手にその書物が到来してくるまでのプロセスが、そのまま大きなネットワークに繋がっているわけです。古典を再読するときに、この巨大なネットワークを意識するのは、自分とそのネットワークとの関係を見直すことでもあります。

それまでただ知っていただけの単語たちの結びつきを確認してから古典を読み直すとき、その再読は読者にとっての再読であるだけでなく、それまでその書物を読んできたひとたちの読書に重なる「もうひとつの再読」にもなります。読者は、過去の読者たちがどのようにその本を読んできたのかを想像し、自分を重ねたり、自分との距離に思いを馳せることができるようになるのです。そうすることで、読み返している箇所の発言や行動、記述の意味が重層化していきます。単なる個別の知識として自分のなかにあった言葉たちも、その再読によって捉え方が変化していくでしょう。

再読に限らず読書に臨むにあたっては「自分にとって既知の知識を確認する」ことがお

すすめです。それは夕飯の献立のためにスーパーに買い出しに行くときに、冷蔵庫を開けてそのラインナップを確認しておくようなものでしょう。スーパーでの買い物は冷蔵庫になかったもの、足りなくなったものを探す行為ですが、再読においては、読む前に確認した言葉たち以外の言葉を探すというより、再読前に確認した言葉たちを多角的に吟味する行為に似ているかもしれません。

棚卸しをすることで、その古典が読者の手元に届くまでに辿ってきた道筋を捉えられるようになります。読者のなかのネットワークは捉え直され、整理されて組み替えられます。古典はそうすることで再生され、読者もまた自分がよって立つ地盤であるネットワークを組み替えることになります。

ベストセラーを再読する

自分だけの「文脈」を加える

次は古典ではなく、最近刊行された話題の「ベストセラー」本を通して再読を考えていきたいと思います。ベストセラーとなった本は、消費財としての側面が意識されがちで、再読との関係は薄いように思われるかもしれません。しかし、ベストセラーを読むときにも再読を活用できます。ふだんベストセラーばかり「読み捨て」していることを自覚していて、今後はもう少し読書と深く向き合ってみたいと思っている読者には以下の方法が役に立つでしょう。この場合に意識したいのは、ベストセラーの「読み」に自分だけのコンテクストを付加するということです。

ベストセラーの本は、その本が「売れているがためにますます売れる」という側面があり、買うだけ買って読まずに積んでいるという話をよく聞くものではあります。しかしそうは言っても、たくさん売れているのですからそれなりの数の読者がいると考えた方がいいものです。

そして同じ本を読んでいるのだから、誰でも同じような内容を読み取れると考えてしまいがちですが、実はそうではありません。どこに注目するか、なにが印象に残るかというのは読者によって異なりますし、同じ読者でもその本を読むタイミングによって違ってきます。

今回ここでお勧めしたいのは、その話題の本に「似た本」を併読することで、自分なりの注目ポイントや自分の印象に残った部分を掘り下げることです。このことで、その本をまた再読するときに注目ポイントの解像度が増し、いわゆる「自分なりの読み」を深めることができるからです。

ベストセラーの例に取り上げるのはイスラエルの歴史学者ユヴァル・ノア・ハラリ『サピエンス全史』です。全世界で累計二〇〇〇万部を超える大ベストセラーになったこの本は、人類の発祥から現代にいたる長大な歴史を上下巻にまとめたものです。現代の読者が生きている社会が、どのような歴史的背景を持っているのか捉えたいというニーズが世界中にあったのか、とにかく売れました。

さて『サピエンス全史』を読了できたひとも、途中で挫折したひとも、それぞれに印象に残った部分や、面白いと思った部分があるはずです。またいつか再読するために、あるいはいつかあらためて再挑戦するために、どんな準備をするべきでしょうか。

『サピエンス全史』は、タイトルのとおり「歴史の本」です。歴史の本にはさまざまなスタイルがあります。発明家や有名な政治家、活躍をした武将たちのような「個人」にフォーカスしたものや、各地域の歴史を扱う「郷土史」、ひとつの国の来し方をまとめた国の歴史、そしてそれらの国の歴史をアジア、ヨーロッパ、アメリカ、といった地域ごとにまとめていく世界規模の「世界史」、あるいは個人や地域、政治の歴史ではなく、食べ物や風習、アイテムや行事をテーマにしたテーマ史や文化史と呼ばれる「歴史」もあります。

『サピエンス全史』は「サピエンス」、つまり「ヒト」という生物種の歴史を標榜することでテーマ史であることを装いながら、政治の歴史としての「世界史」よりもさらに広い範囲をカバーできる「グローバルヒストリー」という比較的新しい歴史の分野に含まれています。したがって、『サピエンス全史』再読の準備のためには同様のテーマ史や文化史、グローバルヒストリーに分類される本を読んでおくのがおすすめです。たとえば「数」に注目して、人類が数をどのように発明し、それぞれの文明で継承してきたのかを追うケイレブ・エヴェレット『数の発明』。あるいは、世界中のさまざまな神話の構造を分析し、太古の人類がたどった移民の流れと重ね合わせ、神話が辿った道筋を仮構してみせる後藤明『世界神話学入門』など。

『数の発明』は、人類学者が世界中の数の数え方や数の捉え方を比較調査した本で、たとえばなぜわたしたちが「10」を基本的な数のセットとして捉えているのか、なぜ「10」を基本として捉えているのに1時間は60分で1日が24時間、週は7日でひと月が29から31日だと捉える社会に生きているのかを考察します。『サピエンス全史』では、認知革命や農業革命が人類史の初期に発生したと書いていますが、数の概念とその仕組みはこれらと不可分なものです。

『世界神話学入門』は、さまざまな神話の類型が世界各地でどのように見つかるかをまとめた本です。『サピエンス全史』において宗教や神話は、多くのひとをメンバーとして抱える社会集団を作り出すものとして描かれています。時間スパンも空間スパンも驚異的な幅でカバーしている『サピエンス全史』ですが、さすがに個別の話題について深掘りすることができていません。その深掘り不足を補うのが各論です。逆に各論を読んでから総論である『サピエンス全史』に戻ることで、今度は神話や宗教をふたたびマクロな人類史のなかに位置づけ直すことができるようになるのです。

ベストセラー同士のネットワーク

古典は、それ自体が「繰り返し読まれる」ことで読み継がれてきた傑作です。その傑作がなぜ傑作と称えられているのか、誰がいつそう評価したのかを知ることで、自分なりの古典との向き合い方が定まってくるのです。

一方でベストセラーとは、「よく売れており、たくさん読まれている」と思われる作品のことです。ベストセラーは「傑作」である可能性もあるし、未来には「古典」になっている可能性もありますが、現時点ではその評価は定まっていません。たくさん売れるだけの理由はあるかもしれませんが、たくさん売れるからといって傑作とは限りません。

ベストセラーは過去のベストセラーを多かれ少なかれ参照して書かれています。古典も互いに古典どうしのネットワークを持っています。たとえばプラトンはその著作でたびたび古代ギリシャや古代エジプト、古代オリエントに言及していますし、その弟子アリストテレスとともに現代に至る多くの哲学の参照先になっています。

『サピエンス全史』は一九九七年に刊行されたジャレド・ダイアモンドの『銃・病原菌・

鉄』とよく比較されます。ハラリじしんも『サピエンス全史』巻末にダイアモンドへ謝辞を述べています。

『サピエンス全史』を読んだあと、あるいは読み終えていない状態で、『銃・病原菌・鉄』を読むと、語り口が似ていることがわかります。『サピエンス全史』はそのタイトルから通史の本だと思ってしまいがちですが、読んでみればわかる通り、その語り口は過去から現代という単純な流れにはなっていません。人類発祥以前から未来へという歴史らしい大枠の流れはあるものの、農業や科学といったテーマごとに細かく古今東西の事例が参照されていきます。『サピエンス全史』は、人類史という大きな時間スパンのなかにテーマの発展を見出して、そのテーマを積み重ねることで人類史を語ろうとしています。

『銃・病原菌・鉄』は書名のとおり、銃、病原菌、鉄が人類社会の歴史にどのような影響を与えたのかを語っていくスタイルです。テーマごとに歴史を語る、という点で二つの作品は共通して「大きな時間スパンで語る地球規模の歴史」になっています。

『銃・病原菌・鉄』が手元にないひともいるでしょう。別に『サピエンス全史』を読んだら『銃・病原菌・鉄』を読まなければいけないというわけではありません。読者が「似てるかな」と思った本をこのタイミングで再読しましょう、という話です。『サピエンス全史』には貨幣をテーマにした部分があるので、たとえばトマ・ピケティ『21世紀の資本』を再読してみてもいいでしょう。自分の持ち札のなかで横展開をするというのが肝心です。

批判的な読みも可能

『Anthro Vision』（以下『アンソロ・ビジョン』）の著者ジリアン・テットは、「フィナンシャル・タイムズ」の記者から編集長、幹部を歴任した人物ですが、学生時代に人類学を専攻しており、ソ連時代のタジキスタンに調査をしに行った経験から本書は始められます。その後、経済紙の記者として採用され、経済界や産業界にある「部族主義」を観察した経験が語られていきます。慣習や倫理、道徳を異にする「部族」間で学び合うことが大事、それが書名にある「アンソロ・ビジョン」だという主張がなされます。

『アンソロ・ビジョン』の序盤では、著者が学生時代に学んだ「人類学」の教科書的な概観が提示されます。そこではマリノフスキー、ギアツ、レヴィ＝ストロース、そして日本では社会学者として知られているブルデューの名前と彼の理論における用語が簡潔に紹介されています。

人類学、とりわけ文化人類学と呼ばれる研究は、いわゆる「未開」とされてきた地域の人たちの生活や習慣を調査したり研究したりすることで、文明側（往々にして欧米の白人）が彼らを征服したり啓蒙教化しようとしてきた経緯があります。現代でもなおそのイメージは強く残っていますが、『アンソロ・ビジョン』でも語られている通り、現代産業社会にも人類学者が研究対象にしうる「部族」がいます。証券会社に勤める重役たち、自動車工場で働くエンジニアたち、彼らはそれぞれの習慣、道徳、倫理を持っています。

多様性の尊重が叫ばれる昨今、習慣、道徳、倫理の多様性は表向きは維持されようとしていますが、各自がそれぞれの常識はほかのひとにとっても常識であるに決まっている、と考えがちです。テットの言う「アンソロ・ビジョン」とは、それぞれの常識が噛み合わない場合に性急なジャッジを行わず、すれ違いの原因を根気よく探そうという話です。一見すると当たり前のことなのですが、人類学はその歴史のなかで「根気よく探す」方法を発達させてきたのです。

『サピエンス全史』の著者ハラリの住むイスラエルが「民族浄化」によって迫害されたユダヤ人が作った国であること、『銃・病原菌・鉄』の著者ダイアモンドがアメリカ人であり、アメリカはかつて先住民を追い立てて建国されたことを思い出せば、彼らの著作が民族間の対立と対話という人類学の基本テーマと繋がってくることがわかるでしょう。

しかし、『サピエンス全史』や『銃・病原菌・鉄』は鮮やかに人類の歴史を描いていますが、そこではテットのいう「アンソロ・ビジョン」という視点は抜け落ちています。ひとびとの生活習慣がすれ違い、儀礼的なものが珍しく見える、そんな微視的（ミクロ）な視界を保っていたら、長大な時間で地球規模の歴史を語るのはそうとう難儀なものになっていたに違いありません。連想ゲーム的に本を再読することで、このように批判的な読み方もできるようになります。

『アンソロ・ビジョン』でテットがレヴィ＝ストロースやマリノフスキーと並んで重要な概念を借りているのが、先にふれたブルデューです。『ディスタンクシオン』で文化資本の概念を提唱し、母国であるフランスの知的エリートを批判したブルデューは、「ハビトゥス」という概念を重視しました。直訳すれば「習慣」になるこの概念は、人類学的には、部族ごとの見えづらい常識的な振る舞いということになります。あるいは、元ファッションモデルという異色の経歴をもつ社会学者アシュリー・ミアーズが、自分の「美貌」を武器に、超富裕層の顧客がテーブルに美女をはべらせる超高級ナイトクラブに潜入してその「生態」を研究した『VIP』でも、ブルデューの理論が活用されています。

マリノフスキーは「近代人類学の祖」と言われています。代表作『未開社会における性と抑圧』は、精神分析の始祖ジグムント・フロイトの学説に対する傾倒と反証を試みている興味深い一冊です。『アンソロ・ビジョン』や『VIP』で重視されている「参与観察」の手法でも知られています。参与観察とは「研究者が研究対象の社会へと参加（参与）して観察を行うこと」です。しかしこの手法については、より現代的な人類学の立場からは「観察者／観察対象」の区分を疑問視される場合があります。人類学者のティム・インゴルドはたとえば『人類学とは何か』ではマリノフスキーに一度も言及していません。インゴルドの立場で『サピエンス全史』を読み直すのも面白いでしょう。

唯一のルーツはない。あるのは無数のルートだけ

このように、ベストセラーを読んでいる途中や、読み終えてから「似ている本」を自分の蔵書から探してきて再読することで、読んでいたベストセラーに別の角度から光を与えることができます。反対に、「似ている本」として取り出した本のほうも、ベストセラーの側から違った角度で光を与えられるかもしれません。

たとえば『サピエンス全史』は、現在の技術発展によってホモ・サピエンスを超える「ホモ・デウス」とハラリが呼ぶ種族が登場するかもしれないと予言しています。彼らが

ホモ・サピエンスである現生人類の社会を眺めるとき、どんな「アンソロ・ビジョン」が可能なのか、あるいはそれはやはりわたしたちが想像することのできない、いわば「デウス・ビジョン」がうまれるのか、という思考実験も可能でしょう。なお、こうしたテーマについては「ポスト・ヒューマン」をキーワードに本を探すと参考になります。

『アンソロ・ビジョン』が参照していたマリノフスキーは、すでに述べたように近代人類学の祖と言われています。マリノフスキー以前にも人類を研究対象とする人類学は存在していましたが、それは西洋文明を「発展の最先端」として、それ以外の地域を「遅れている」とみなす進化論的な人類学でした。同時代に生きているにもかかわらず、「未開」の社会を研究することであたかも自分達の過去の姿を知ることができるし、逆に彼らを「進化」させること（啓蒙）もできると考えていたのです。マリノフスキーは、参与観察によって他文化社会に身を置くことで、彼らが単に「違っている」ことを明らかにしました。このフラットな人類観は、『サピエンス全史』や『銃・病原菌・鉄』にも共通しているものです。

これもさきにも触れた通りですが、マリノフスキーの姿勢はまだ参与する側とされる側に分かれており、その姿勢を批判する声もあります。インゴルドは、観察する側と観察される側、西洋と非西洋、研究者と研究対象者、という区分を批判します。もしかしたら『サピエンス全史』や『銃・病原菌・鉄』の歴史家的な態度も、歴史の傍観者という「見る側」の立場をインゴルドは批判するのではないでしょうか。

このように、ベストセラーを読むときに、というより、読んでいる途中や読んだあとに、自分が読んだことのある「似た本」を挙げて相互に再読をすることで、読者ごとのネットワークが構築されることになります。

古典の再読の際に試みた「知っている言葉」の棚卸しと再構成のように、ベストセラーから始まる再読は、「読んだことのある本」のネットワークをその都度ごとに再構築することにほかなりません。あらゆる書物は、その本をめぐる独自のネットワークを持っています。「その本独自のネットワーク」を辿り直せば、いわば「正解」になりますが、その「正解」だけが唯一の正しさではないとわたしは思っています。それよりも、読者がそれぞれに読んできた本のネットワークが組み変わっていくこと、読者が自分のなかのネットワークを深めていくことが重要なのではないかと考えています。

第五章

創造的になることは孤独になることである

「読むこと」と「読み直すこと」には違いがない

カルヴィーノ『なぜ古典を読むのか』

最後の章となる第五章では、小説家や評論家たちが披露してきた再読観を概説しながら、再読の創造性、再読とテラフォーミングについてどのように実践できるのかを紹介します。

小説家や評論家のような物書きたちは、再読でテラフォーミングされたネットワークをアウトプットに活かしています。そう書くと、物書きではないひとたちには関係ないことだと思われるかもしれません。しかし、ネットワークの再構築は物書きだけのためのものではありません。テラフォーミングとは世界との向き合い方の再構築であり、自分自身の世界の再構築でもあります。自分自身の人生を情報の濁流から救い出し、自分のネットワークを作り、運用する助けとなることでしょう。

創造的になることは、孤独になることです。広い真空の宇宙に惑星がぽつんと存在しているように、テラフォーミングは孤独になることであり、その孤独のなかに自己充足的に住まい、やすらえるようにすることです。

最初に取りあげるのは、二〇世紀イタリア文学を代表する作家イタロ・カルヴィーノ。彼は晩年になってから『なぜ古典を読むのか』という本を書きました。その冒頭でカルヴィーノは、次のように書いています。

「読む」という動詞と「読み返す」という動詞は、どちらを使ったところで別にどうということはない。だから、つぎのようにもいえる。

古典とは、最初に読んだときとおなじく、読み返すごとにそれを読むことが発見である書物である。

（須賀敦子訳、一二頁）

この箇所は、「若い頃」を終えておとなになって以降の読者を想定して書かれています。若い頃に古典を読みそびれてしまった読者や、若い頃に読んだ古典に特に感銘を受けなかった読者に対して、古典を読むことをカルヴィーノは勧めているのです。いま引用した部分でカルヴィーノは「古典の定義」をしています。しかしカルヴィーノらしく、「古典の定義」をしているようでいて、ここでおこなわれているのは実は「読むこと」の分析と再定義です。

ふつう「読む」とは、書いてあることを左から右に、あるいは上から下に向かって、初めから終わりまで単線的におこなわれることを指すように思われます。しかしカルヴィーノは古典の定義をする過程で、「読むこと」と「読み直すこと」には違いがないと言います。つまり、単線的な「読み」と、同じ部分を繰り返し辿る「読み直し」という複線的な「読み」とのあいだに差異がないというのです。

他人の通った道を辿り直す

古典とは、私たちが読むまえにこれを読んだ人たちの足跡をとどめて私たちのもとにとどく本であり、背後にはこれらの本が通り抜けてきたある文化、あるいは複数の文化の（簡単にいえば、言葉づかいとか慣習のなかに）足跡をとどめている書物だ。

（一三頁）

この箇所でカルヴィーノは、古典とは「これまでにその本を読んできたひとたちの足跡をとどめている本」であり、古典を読むことは「その足跡を読者がたどりなおすこと」だと言います。

しかし本当にカルヴィーノの書いているとおりなのであれば、どんな読者も、わざわざ古典を読む必要はないはずです。カルヴィーノの書いているとおりならば、その読者がその本を読んでいなくても、既に誰かがもうその本を読んでいるからです。誰かの通った道を辿り直すことにどんな意味があるのでしょうか。

かつて『読書について』を書いたアルトゥール・ショーペンハウアーは「読書とは、他人の頭で考えることにすぎない」と喝破しました。他人の頭で考えるのではなく、自分の頭で考えろとショーペンハウアーは言うのです。カルヴィーノはショーペンハウアーに言及していませんし、この「他人の通った道をたどりなおす」ことについてそれ以上の意味を解説してはくれません。まるで「他人の通った道をたどりなおす」ことが無駄ではないことが自明であるかのような書き方なのです。

子供の頃「点つなぎ」という遊び道具のような、教材のような何かを与えられた記憶はないでしょうか。1から数十まで番号の振られた点が描いてあって、数の順番通りに点を繋いでいくと、それまでは点の集まりでしかなかった紙面にキャラクターや船や飛行機の「絵」が浮かび上がってくる、あれのことです。

数字を順番どおりに辿っていなければ、浮かび上がる「絵」はどこかおかしなかたちになってしまいます。「点つなぎ」は、数の順番を正しく学習するために、正しい数の順番を辿れたならば絵が得られるという報酬を子供に与えて、絵を得る喜びをエサにしているのです。この「点つなぎ」について、浮かび上がってくる絵をその作成者が既に知っているからといって無駄だというひとはいないでしょう。もしあえて無駄であると主張するひとは、数の順番をもう覚えているし、浮かび上がる絵が何かを知っているひとです。

古典の読者が先人の足跡を辿るだけだとしても、その古典の内容を完全に理解しているのでなければ、また先人たちの足跡を完全に理解しているのでなければ、「点つなぎ」と同じように、ただしもっとずっと複雑な絵を得られるためにそれだけいっそう、古典を読むことには楽しさがあるということになります。

古典を読むということは、カルヴィーノのいうとおり、先人たちが通ってきた道（線）を辿り直すことです。それは山のなかで、誰かが踏み固めて出来上がった道を、その見知らぬ、いつの時代のどんなひとなのかも知らない誰かとともに踏みしめて歩くようなものです。無数に重なり合ってひとつひとつを見分けることができなくなったあしあとに自分のあしあとを重ねながら、その誰かたちと同じように景色を眺めることです。

そのときに見えるのは、何百年も変わらない木々の姿かもしれないし、山腹からみはるかす麓の景色かもしれません。「麓の景色」はこの数百年で変わってしまっているかもしれません。鉄筋コンクリート造のビルや発達した交通網は数世紀前には存在しませんでした。しかしその下の地形、そこに暮らす人々の生活の基本は変わっていないはずです。あるいは埋立地によって地形は変わり、密集して暮らす人々の心根は変化しているかもしれません。その変わっていない部分と変わってしまった部分とを重ねて眺めることができるのも、古典という山を探索することではじめて眺めることのできる「景色」なのです。

読むことの二重性

古典に限らず、そもそも「読むこと」が二重の行為であることをここで思い出すべきかもしれません。ごく即物的な話をするならば、何かを読んでいるときに読者が「見て」いるのは、紙の上のインクの染み、あるいはデジタルデバイスの上に明滅する光にすぎません。その光学的情報を、あるいは読み上げや暗誦を聞いている場合には音声情報を、脳が受け取って言葉として処理し、前後の連なりをひとまとめに認識してはじめて、ある書物はひとつの書物として認識され、その文脈のなかで「書かれていること」は理解されるようになります。

わたしの議論の最初のほうで読書の基本的な困難として挙げていた「億劫さ」「面倒さ」は、この感覚器官からのインプットを脳が処理するというプロセスが複雑だから感じられるものだといっていいでしょう。

なので、古典を読むことが複線的なのであれば、それはつまりもともと二重性をもっていてそれだけでも複雑な「読むこと」が、古典を読む場合にはさらに二重化されるということです。ここでわたしは、「複数の層が重なり合っている」ことを指して「二重」と呼んでいますが、お気づきのとおり、これは「二」重どころではなく、無数の重なり合いというほうが妥当です。数え上げればキリがない多数のレイヤーが重ね合わされて、「古典を読む」という現象が体験されます。古典にまじめに向き合うと、このレイヤーの多層性の膨大さに眩暈を覚えることが珍しくありません。それぞれの古典作品の個別の味わいとは別に、この古典の古典であることじたいが体験させてくれる眩暈のような感慨は、文明という壮大な時間的な蓄積に直接に触れているような感動を与えてくれます。

古典を読み、それを読んできた無数の人々に思いを馳せ、その書物が乗り越えてきた時代の波を思いやり、そのような古典を生んできた文明の手触りを味わう。それは、これまで生きてきた見知らぬ人々の列に参加して、彼らの死のあとに自分もまた死に、いつかこの本を誰かがまた読むのだろうという未来へと想像をかきたててくれます。

それにどんな意味や価値があるのかと問われれば、正直なところ何の意味もどんな価値もないかもしれません。登山のときに眺める景色にどんな意味や価値があるのでしょうか。それじたいに感動があり、自分の生死をこえた感慨を噛み締めることができるときに、その意味や価値を問われて、どう答えればいいのでしょうか。古典を読むことの意味や価値を問われるとき、むしろそこで問われている意味や価値とはなんなのか、それをこそ考える必要があるでしょう。

古典を読むときは「解説」は読まない方がいい？

カルヴィーノは『なぜ古典を読むのか』とこの本を名付けながら、「なぜ古典を読むのか」という問いについて、はっきりとは答えません。古典を読むとき、「なぜ読むのか」

という理由づけはむしろ逆転するからです。人々が何故あれこれの行為をするのか、その理由づけをしてきたのは古典のほうなのです。古典を読む理由があるとすれば、その答えは古典とされているその書物か、あるいはほかの古典に求めるべきであって、正面から「なぜ古典を読むのか」に答えることはできないからです。

もちろん、教養のためだとか、ある文化圏を知るためだとか、見栄を張るためだとか、副次的な効果を求めて古典を読んでもいいでしょう。試験勉強のために古典を手にとったからといって怒るひとはいません。しかしいずれにしてもそれは副次的な効果に過ぎないのです。なぜ古典を読むと教養になるのか、なぜ古典を読むとある文化圏のことを知ることができるのか、なぜ古典を読むと見栄を張れるのか、なぜ古典を読むことが試験勉強になるのか。それは古典を読めばわかる感動があり、その感動を人々が繰り返し味わってきたからです。

カルヴィーノは『なぜ古典を読むのか』の序文で、「古典を読むときには原典を読むべきで、解説は読まないほうがいい」と書いています。古典を読む際には古典そのものを読むべきであって、解説などは読まないほうがいいという主張はカルヴィーノ以外にも多くの識者が主張していることです。しかしわたしはこの主張はかなり無意味だと考えています。

現に『なぜ古典を読むのか』は、序文でカルヴィーノじしんが「解説を読むな」と書いているのに、序文が終わって本文がはじまるやいなや、カルヴィーノじしんがまさに古典の解説をとうとうと語り出す本なのです。

『なぜ古典を読むのか』という書物の本文は、いろいろな古典作品の解説がたっぷり詰め込まれており、書名の問いへの直接的な答えはありません。カルヴィーノの博識、語りの巧みさを堪能できるので、この書物がまったくの無駄であるというわけではありませんが、著者のカルヴィーノじしんが、これからまさに読者が読み進もうとしているところで、そこから先に書いてあることをみずから否定しているというのは興味深い事態ではありませんか。カルヴィーノのこの矛盾した態度は、プラトンが書字を否定しながら自分で字を書いてしまった矛盾と似ています。

カルヴィーノは『まっぷたつの子爵』『木のぼり男爵』『不在の騎士』という三部作で知られています。いずれの作品も、とうてい信じることができない設定の昔話です。『まっぷたつの子爵』は文字どおり右半身と左半身に引き裂かれてしまった子爵の話、『木のぼり男爵』の主人公は子供の頃に木に登ったきり生涯を樹上で暮らし、『不在の騎士』にいたっては立派な鎧だけがあって主人公と呼ばれるはずの人物が「不在」であるという物語です。設定だけ取り出してしまうと、単に奇抜な設定しか印象に残らないかもしれませんが、現実と虚構、事実と語りについてのカルヴィーノならではの思索が随所にちりばめられていて、楽しく読んで不思議な気持ちにさせられます。権力批判や社会批評といった側面もあり、かといってそういった生真面目さから絶妙な距離をとっているところも独特です。

したがって『なぜ古典を読むのか』に真正面から書名のとおりの「古典を読む理由」を求めて取り組んでも、その期待は肩透かしに終わります。その代わり、数々の古典にまつわる蘊蓄を知ることができます。読み物として楽しいだけでなく、既に読んだことのある作品について自分が読み落としていた側面を教えてもらうこともできるでしょうし、未読の作品があればきっと興味をそそられるはずです。

読みたくなったから読む。古典の読み方としてこれ以上のものはありません。読んでしまえば、きっかけはどうあれ、その作品が読まれた理由は「それが古典だから」に集約されます。古典にとっては、読者がその作品を読むのが初めてなのか二回目以降なのかは些細な違いです。ほとんど変わらないというか、違いがないといってもかまわないでしょう。

「カルヴィーノは『なぜ古典を読むのか』の本文で書名の問いに正面からは回答していない」と書きましたが、『なぜ古典を読むのか』を読んでそれから古典を読みたくなってしまったならば、『なぜ古典を読むのか』という書物じたいが読者がつぎに古典を読む理由になっているのかもしれません。そういう意味では、じつにカルヴィーノらしい、はぐらかされたようでいて芯をついてくる、こにくらしい書名に思えてきます。

虚構のネットワーク、ネットワークの虚構

『なぜ古典を読むのか』でカルヴィーノは、地中海をのぞむイタリアの作家らしく、古代ギリシャの古典から紹介を始めています。ホメロスの叙事詩『オデュッセイア』です。続いて次々と「古典」が取り上げられていきます。そのほとんどはヨーロッパとアメリカの男性作家たちばかりです。序文では紫式部の名前に触れながらも本文にはまったく登場しません。

カルヴィーノがイタリア人だから仕方ないといえばそれまでなのですが、一九九一年にイタリアで刊行された書物として、欧米以外の書物は「古典」とは違う受け止められ方をしていたのかもしれません。

古典を読むということが、先人たちが読んだものを読みなおすという行為である以上、誰を「先人」とみなすかによって、何を古典とみなすかは変わってきます。さきほど、古典を読むときには「文明そのものに触れている」ような感慨があると書きましたが、誰を先人とみなすかによってその感慨も異なってきます。イタリアの作家が欧米圏の男性作家たちが書いたものばかりを集めて論じた書物で紹介された古典、そしてそのような古典で触れることのできる文明。

古典に向き合うとき、新生児が世界に対峙するような感動があること、そのような感動を繰り返し古典から引き出すことができるのは確かなことではあります。しかし同時に、その確かな感動の反面で、古典に向き合う読者は、世界の不均衡、胡散臭さ、不公正さにも対峙させられることになります。古典は、読者を迎え入れてくれるやさしく美しい世界であると同時に、読者を呑みこんで圧迫してくる残酷な世界でもあるのです。

カルヴィーノが『なぜ古典を読むのか』で披露している「古典の読み方」は、まさに名人芸と呼びたくなるようなものです。縦横無尽に蘊蓄をさしはさみ、思いもよらない角度から共感が湧いてくるフレーズを見つけてきます。

書物はそれじたいが情報のネットワーク（編み細工）であり、また書物どうしも互いに参照し合うネットワークを構成しています。書物のネットワーク、情報のネットワークは、虚構のネットワークです。書物それぞれは実在していますが、そこに書かれた情報は虚構だからです。そして、ネットワークそれじたいも、読者たちの脳裏に構成されているだけで実在していません。

古典をただ楽しむだけではなく、古典が象徴する残酷な世界に対峙し、そのネットワークを組み替えることができるならば、それは読者にとって創造的な権利行使になります。古典は、残酷な世界を代表しつつ、そのような組み替え可能性に開かれてもいます。虚構たちのネットワークは、それじたいも虚構なのです。カルヴィーノは、書物のネットワークのなかから、大きなハブ（古典）を選び出し、そのネットワークの枝をたくみによりあわせて見せてくれます。古典は原典を読むべきで、解説は読まないほうがいいだなんて、どの口が言うのでしょうか。

魔法としての文学

『ナボコフの文学講義』――まるでほんとうのことのように語る

『ロリータ』で知られる作家のウラジーミル・ナボコフは、帝政ロシア時代に貴族の家庭に生まれました。二〇世紀前半、レーニンが主導した社会主義革命から逃れてヨーロッパに亡命し、アメリカに移住した作家です。そのナボコフが渡米後に教鞭をとったウェルズレー大学とコーネル大学で、ロシア文学とヨーロッパ文学についておこなった講義の原稿をもとに刊行されたのが『ナボコフの文学講義』（以下『文学講義』）です。

古典を読むと、その古典を読み継いできた先人たちの足跡に自分のあしあとを重ね、辿りなおす感動があると書いたばかりですが、ナボコフの姿勢は異なっています。

文学は、狼がきた、狼がきたと叫びながら、少年がすぐうしろを一匹の大きな灰色の狼に追われて、ネアンデルタールの谷間から飛び出してきた日に生まれたのではない。文学は、狼がきた、狼がきたと叫びながら、少年が走ってきたが、そのうしろには狼なんかいなかったという、その日に生まれたのである。その哀れな少年が、あまりしばしば嘘をつくので、とうとう本物の獣に喰われてしまったというのは、まったくの偶然にすぎない。しかし、ここに大切なことがあるのだ。途轍もなく丈高い草の蔭にいる狼と、途轍もないホラ話に出てくる狼とのあいだには、ちらちらと光ゆらめく仲介者がいるのだ。この仲介者、このプリズムこそ、文学芸術にほかならない。

文学は作り物である。小説は虚構である。物語を実話と呼ぶのは、芸術にとっても真実にとっても、侮辱だ。すべての偉大な作家は、偉大な詐欺師だ、が、そんなことをいえば、かの最たるぺてん師〈自然〉にしても違いはない。〈自然〉はつねに欺く。繁殖のための単純な惑わしから、蝶や鳥たちに見られる途方もなく凝った保護色の奇術に至るまで、〈自然〉のなかには、魔法と詐術の見事な体系が存在する。小説の作家はただ〈自然〉の導きにしたがっているだけなのである。

ここでちょっと、狼がきたと叫んだ、森林地帯の、小さな、頭のおかしい、われらが少年のもとに戻れば、こんなふうにいってもいいだろう——芸術の魔法が、少年が苦労して発明した狼の影、彼の狼の夢のなかにはあった、だからこそ少年の詐術が生んだ物語は、いい物語になったのだと。彼がついに滅びたとき、彼にまつわる物語は、キャンプファイアを囲んだ暗闇のなかで、いい教訓として伝えられた。が、彼は小さな魔法使いだったのだ。

（野島秀勝訳、上巻六一〜六二頁）

引用が少し長くなりましたが、ナボコフの文学観のいちばん重要な部分が的確に、かつユーモラスに語られている重要な部分です。

文学が、そこにありもしない物事を、まるでほんとうのことのように語って聞かせるという「魔法」。ナボコフはこの「魔法」を第一に考えます。先人だの文明だのは二の次なのです。ナボコフはこの「魔法」に注目して文学を読み解く方法を、その手つきを示すことで講義の生徒たち（と読者）に伝えようとします。

書物を読むことはできない、ただ再読することができる

ナボコフは、読書という行為について次のようにまず述べています。

まことに奇妙なことだが、ひとは書物を読むことはできない、ただ再読することができるだけだ。良き読者、一流の読者、積極的で創造的な読者は再読者なのである。

（上巻五七〜五八頁）

「ひとは書物を読むことはできない、ただ再読することができるだけだ」。なぜかというと、絵画を鑑賞するときのように「全体をまず目に入れてから細部へと注目していく」といったような向き合い方が書物の場合は難しいからです。書物を読む際に、絵画の「全体」を把握するには読み始めてから読み終わるまでの時間が必要になります。ナボコフにとって、ふつう「初読」と呼ばれる段階は、「ある絵画作品が目に入る一瞬の出来事」に相当します。そしてナボコフにとっての読書＝再読は、ある絵画作品を目にとめて、よくよく眺めるという段階に相当しているということになります。

ナボコフは作品に書かれていることに徹底的に入り込むような、いわば内在的な読み方を推奨し、また本文にあたる講義で実践してみせています。

『なぜ古典を読むのか』のカルヴィーノも、取り上げている作品について、その作品だけに注視していくような読解をしていないわけではありませんでした。ただし、カルヴィーノが書物と書物のネットワークの広がりを提示してくれたのに対して、ナボコフの読み方は書物それぞれの「内的なネットワーク」を探索しているといえるでしょうか。

内的なネットワークといっても、書物は言葉でつづられていて、書物を編み上げている言葉のひとつひとつは、物語の外側、つまり読者たちの世界でも流通しています。読者たちの世界で使われている言葉が、鏡のように紙面に投射されて、読者のいる世界とは別の世界が構築されてしまう。これがナボコフのいう「魔法」であり、『文学講義』はその魔法の分析に主眼が置かれています。

『アーダ』——つねに欺く

ナボコフは一九五〇年代末に教壇を去ります。一九七七年の死の数年前に発表された最長篇『アーダ』は、わたしたち読者の住むこの現実世界に微妙に似ていながらあちこちが異なるパラレルワールドを舞台にしたSF的作品でした。『ロリータ』の作者のイメージにたがわぬ、禁忌を恐れない刺激的でエロティックな要素をふんだんに盛り込みながら、歪んだ鏡を通して異世界を眺めているような不思議な作品です。現実と虚構を往還する

「言葉」というツールを使って、その鏡のなかの世界（異世界）が織りなされているのです。

書物と書物のネットワークを眺めながら景色を楽しむのがカルヴィーノ的な古典の読み方だとすれば、ナボコフは文学作品のなかで足元の大地を凝視し、読者が何の上に居るのかを明らかにするために執拗に「再読」するということになるでしょう。

ナボコフは小説家であるだけでなく、生物学者としても活躍していました。最初に引用した箇所で「〈自然〉はつねに欺く」と言っているのは、自然科学者としての実感でもあるはずです。『文学講義』は、自然科学者的な手つきで、生体解剖をするかのように文学とその魔法が解剖されていく過程の記録だといえます。

自然科学者は、自然が科学者をも欺くと理解しながらも、科学者として事実だと考えていることは科学的な事実であるという立場で主張するものです。そのため、『文学講義』のナボコフもまた、解剖してみせる文学の「読み方」をかなり断定的に語っています。

ナボコフがいわゆる「一流の読者」であることは『文学講義』を読んでみれば議論の余地がありませんが、それでもナボコフの読解だけが正解というわけではありません。あまりに強靭な知性と強烈な美意識に裏打ちされているために、印象としては書かれていることが「事実」であるような気持ちになりますし、実際に膨大な引用がされているので、この印象はいっそう強まるでしょう。引用については、引用元に確かにその表現があることは「事実」だからです。

しかしナボコフの読解は、それがどんなに説得的であったとしても、ナボコフが再読して得た「心のなかの出来事」、せいぜいそれを書きつけたもの以上のものではありえません。

『文学講義』でナボコフから読者が学ぶことができるのは、取り上げられた作品それぞれについてのほとんど解剖学的な分析と、そしてナボコフによる再読の印象です。ナボコフが講義でとりあげた作品を構成している言葉のネットワークから、ナボコフが自分のなかにうつしとった言葉が、もうひとつのネットワークを構築していくその「再読」の過程が『文学講義』に結実しているのです。

わたしが「再読」のメタファーとして使っているテラフォーミングに引きつけて言えば、ナボコフが「読書」と呼ばない初読の段階は、たとえば夜空に望遠鏡をむけて火星を見つけるようなものです。ナボコフは、それぞれの文学作品という天体を執拗に研究し、そこで見つけた素材を使ってそのなかに暮らすことのできる環境を構築しようとしているのです。ナボコフがテラフォーミングに成功したのかどうか、それは誰にもわかりません。わたしたち読者は、わたしたちがそこで暮らすことのできる環境を、たとえば『文学講義』という書物＝天体のうえに構築しようとするしかないのですから。

虚構世界の側から現実世界を夢想する

「テラフォーミング」という言葉が、地球外の惑星を地球化するという意味であることは既に述べたとおり。テラ（地球）のようにフォーミング（環境形成）するということです。ところで、さきほど触れたナボコフの晩年の作品『アーダ』の舞台となる惑星は「アンチテラ」と名付けられています。直訳すれば「反地球」という意味になるのですが、単純に現実世界の地球の反対というわけでもなさそうです。

『アーダ』は、主人公が晩年にその半生を回顧する手記として書かれています。アンチテラには、テラと同じようにロシアがあります。しかしアンチテラのロシアは、現実のロシアとは違い、ヨーロッパ化していません。アンチテラのロシアは、一三世紀以来のモンゴル支配から脱していません。『アーダ』の主人公は、モンゴル支配のロシアからアメリカに逃れ「アメロシア」という地域を構成している一族に生まれたとされています。社会主義革命から逃れてアメリカに渡ったナボコフと重なりつつも、世界史レベルで『アーダ』

の主人公とナボコフはズレています。

『アーダ』の主人公には夢想癖があり、アンチテラの兄弟星であるテラ、つまり地球の出来事を作中世界で幻視します。虚構世界の側が現実を幻視しているというややこしい話ですが、もっとややこしいのは、これを現実世界の側のナボコフが書いているという点です。もっとも、パラレルワールドでパラレルワールド側の存在が現実世界を幻視するという構造はナボコフの独創ではありません。有名なところでは『アーダ』よりもさらに数年前にアメリカで発表されたフィリップ・K・ディックの『高い城の男』があります。

この構造の作品が面白いのは、パラレルワールド側から現実世界を幻視する存在が、作者の投影に思えてくるという点です。ともあれ、パラレルワールドがパラレルワールドであるためには、現実世界にあるものが登場したり、少し形を変えて登場する必要がありま す。ロシアという地理的な同一性、現実と歴史的経緯は異なりながら、モンゴルの支配という過去にあった事象の共通性。そして『アーダ』にはいくつもの文学作品のパロディが登場します。ほとんどダジャレとアナグラム（文字遊び）で名指しされるそれらの作品ですが、『文学講義』で「解剖」された作品が元ネタになっているものもあります。

『アーダ』は、ナボコフのもっとも長い作品ですが、難解すぎるとして駄作扱いされることもあります。しかし、テラフォーミングの先輩にして達人であるナボコフが、読者に対してその素材を大盤振る舞いしてくれているような気持ちになる楽しい作品でもあるのです。

人生の旅路の疑似体験

松岡正剛「千夜千冊」『多読術』——再読における「開き」と「溝」

出版社・工作舎の設立に携わり、古今東西の書物を横断的に読解し結びつけて提示する仕事で知られる松岡正剛も「再読」に言及しています。『多読術』という著書のなかで、筑摩書房の編集者からの問いかけに答えるかたちで松岡は「読書は二度する方がいい」と語っています。読書を「旅」にたとえ、その旅路で経験したことが、書物に書かれていることとは別に読書体験に付帯してくるのであり、再読の際にはその付帯していたものが思い出される。それを眺めるようにして再読をしていると松岡はいいます。

松岡のライフワークともいえる「千夜千冊」は、毎日一冊の書物をとりあげ、松岡なりに論じていくというもの。書評といえば書評なのですが、松岡は「千夜千冊」で自分が書いているものを「書評」とは呼びません。あくまで松岡がその本を読んで思いついたことをつらつらと書いている「千夜千冊」の文章には、松岡がその本に関連するとして挙げる無数の他の書物の名前が挙げられ、またその本の著者と結びつく他の著者のことが語られます。

「千夜千冊」で名前が挙がる著者たちのなかには、松岡が会ったことがあったり、親しく付き合った人物が混ざることがあります。またその過程で松岡じしんの個人的な事情が描かれることもあります。

『奥の細道』で知られる俳人、松尾芭蕉は「月日は百代の過客にして、行かふ年もまた旅人なり」と書きました。ここで芭蕉は月日を旅人にたとえているのですが、これは芭蕉じしんが全国を旅して書く存在であったことを年月という時間に仮託して表現したと考えられます。実際に旅人であった芭蕉が、自分ではなく年月のほうを旅人であると描くことで、実際には旅をしていない読者たちにもその人生で出会う年月を旅人として理解させ、共感させるというレトリックでしょう。松岡もその人生の旅路に出会った書物や著者たちとの思い出を書き、読者に読ませることで、その旅行きを疑似体験させるのです。

松岡は、ある本を以前に読んだときのことを「あらためて眺める視線」が再読の際に介在することを強調します。その「あらためて眺める視線」が読書に必要だというのです。

以前にその本を読んだときの時間と空間での体験と、再読するときの体験とはおのずから違いがあります。以前に読んだときの体験と、再読の体験とのあいだにあるその違いを、松岡は「開き」や「溝」と表現します。「千夜千冊」で取り上げようとした書物について、「以前にたしかに読んだはずなのに語ることができないことが多かった」と松岡はいいます。以前に読んだときの体験と、再読の際の体験とのあいだにある「開き」や「溝」。それを認識することが再読であり、この「開き」や「溝」を認識することが読書の本質にかかわるというのです。どういうことなのでしょうか。

松岡は「編集」という言葉に独自の意味を与えながら、その意味を説明します。一般的に「編集」は、誰かの書いた文章に手を加え、出版する過程を指す言葉です。しかし松岡にとって「編集」は、読書をするときにも介在してくるプロセスということになります。この独特の「編集」観は、ネットワークや情報理論を踏まえることでわかりやすくなります。

シャノンのネットワーク

松岡にとって読書は、明確にネットワーク状のものです。カルヴィーノのように、書物に書かれていることと書物そのものには書いていない別の知識とを結びつけ、自分なりのネットワークを構築していくことに重きを置いています。松岡は『多読術』のなかで、情報理論の基礎をつくったクロード・シャノンの情報伝達のモデルを引き合いに出して、こう語ります。

〔シャノンらのモデルは〕送り手と受け手が通信回路を挟んで両端にいて、送り手がメッセージをエンコードして、受け手がこれをデコードするというふうになっていました。これは一言でいえば、「メッセージ記号を通信する」ための方式で、この方式が、メッセージは送り手から受け手に渡っても内容が変化しないという大前提をつくっていた。

メッセージが記号化されることによって、通信回路のなかで劣化したり変質しないというのは、通信業務にとっては不可欠の条件です。でなければ電話もデータ通信もできません。だからたいへん重要な大前提なのですが、しかし、人間と人間、あるいは人間とメディアの関係は、この通信的なコミュニケーションだけでは成立していないともいうべきです。

（九七頁）

こうしたネットワークと情報の理論は、現在オンライン会議でわたしたちが普段それと意識することなく利用しているものです。Zoomのようなオンライン通話ツールで映像や音声を互いにリアルタイムで送りあうためには、スマートフォンやパソコン、それらの端末から映像や音声を電気信号に変換し、その信号を電波にのせてオフィスや自宅のルーター、地域の基地局に送り、インターネットで伝達する必要があります。シャノンらの理論は、映像や音声を電気信号に変換し、機器間の通信で伝達しあう仕組みをつくるのに不可欠なものです。

情報の内容はいうまでもなく映っているひとびとの表情や背景といった映像や話している音声そのものです。これをZoomやSkypeなどのサービスやアプリケーションがデジタルなファイルに変換します。このファイルの形式はアプリケーションごとに異なります。片方のユーザーがZoomを使っていて、相手方がSkypeを使っている場合、両者が通話できないのは、アプリケーションが異なっているからです。そして同じアプリケーションを使っていたとしても、対話をしようとしている両者のあいだに通信環境が整っていなければ、オンライン会議は成立しません。

アプリケーションは映像や音声を、スマホやパソコンがネットワークでやりとり可能な形式に変換します。ネットワークでやりとり可能な形式に変換することは「カプセル化」と呼ばれています。情報は超高速でカプセル化されたのち、ネットワークに送り出されます。ネットワーク側では、ネットワークを維持している無数のデバイスがこれまた超高速でこれらのカプセルを流通させています。

デバイスのなかでの処理、デバイスどうしのネットワークでのやりとり、ネットワークそのものの維持、そしてそれぞれのデバイスそのものの状態といったように、通信技術にはいくつものレイヤー（階層）があります。情報通信を快適に実現するために、ネットワーク関連事業者は階層ごとに取り決め（プロトコル）を制定し、その取り決めを守り更新しながら、日々、技術革新につとめ、ときおり発生する障害の対策に奔走しています。

コミュニケーションと「編集」

アプリケーションサービスを提供している zoom や Skype などの開発をしている企業、スマホやパソコンを作っているメーカー、基地局のデバイスやルーターを作っているメーカー、ネットワークを物理的に支えている通信事業者たちは、シャノンが切り開いた情報通信の理論のうえに業務を遂行しているのです。彼らがいなければ、わたしたちはオフィスや自宅、外出先などから会議や雑談に参加することはできません。映像や音声が切れてしまったり、ノイズが混ざるとき、わたしたちは何が原因でそのような事態が発生したのかに頭を悩ませますが、各業者たちはまさに日々の業務のなかでそのような事態が可能な限り発生しないように知恵を絞っているのです。

現代の情報環境の維持と発展のために、このようなコミュニケーションインフラは不可欠です。松岡はしかし、このような情報伝達の仕組みでは説明できない領域に「編集」がある、と考えています。

さきほど説明した階層構造でいえば、アプリケーションのレイヤーよりもさらに「上」の階層があるということです。デジタルとアナログというよくある二分法で考えるなら、デジタルの事情とアナログの事情が異なっているというごく当たり前のことのように思われるかもしれませんし、直感的にはそれで理解して構いません。しかし、先ほど書いた通り、情報インフラを維持しているのはアナログの存在である人間たちです。

また、現代的なコミュニケーションインフラも、もっとも基層まで辿ってみればデジタル機器そのものはアナログに存在しています。スマホやパソコンは、そのなかではデジタルな処理がおこなわれていますが、そのモノとしての存在はどうしようもなくアナログなものです。あるいは、郵便や宅配便、電報のような旧来のコミュニケーション手段はとうぜんアナログなものです。松岡の「編集」はこれらのアナログなレイヤーにかかわるものなのです。

松岡が「人間と人間、あるいは人間とメディアの関係は、この通信的なコミュニケーションだけでは成立していない」というのは、アプリケーション層以上のアナログなコミュニケーション、そして各デバイスや通信インフラをメンテナンスする業者たち（人間）と彼らがケアしている機器（メディア）とのコミュニケーションという最下層（物理層）、そして各事業者の集団内の業務のコミュニケーターにかかわります。

情報はカプセル化されることで通信可能になりますが、そのカプセルのいわば中身、カプセルのやりとりを可能にしている物理層、そして社会の事情といういわばカプセル化の外側は、いぜんとして情報理論の範疇外なのです。

情報は容易に壊れるからこそ武器へと変わる

デジタルな情報通信においては、カプセルが壊れてしまって伝達できないとか、超高速の処理に遅延が生じてカプセルが相手に遅れて届いてしまうとか、カプセルの中身が変化してしまって誤った情報が届くということは避けなければなりません。しかし、情報理論によって厳格に制御されていないアナログな階層、ふつうのひとたちが想像するいわゆる「現実」や「日常」の世界では、情報は容易に壊れるし、伝達に際しては遅延し、ひどい場合には（しかし往々にして）誤って届きます。

読書という情報摂取の行為についても、読み飛ばし、記憶違い、読後に解釈が重ね書きされたり、歪められたり、ということがよく起こります。これが松岡のいう、以前に読んだ体験から再読までのあいだの「開き」や「溝」の効果です。

そもそも書物とは、単純化していえば、著者がその書物にメッセージをカプセル化したものです。現在のデジタル環境では信じられないほどの遅延を経て、書物はひとりの読者の手に渡ります。再読をするとき、その書物はふたたび読者の手に戻ってくるわけですが、最初に読んだときからさらに遅延が上乗せされることになります。

人間の脳内はそもそも神経回路のネットワークになっていますが、再読に際しては、過去に読んだときに構成された情報のネットワーク、つまり「以前に読んだときの体験」は「あらためて眺められる」ことになります。

松岡が「編集」というとき、ある原稿を編集者がまず眺めるように、この遅延が介在します。編集者は、既に著者が書いた原稿を「あとから」手にすることになるからです。シャノンらの情報理論とそれ以降のデジタルコミュニケーション技術がこの「遅延」を限りなくゼロに近づけようとしているのに対して、松岡の「編集」は「遅延」を避けられない所与のものとして考えます。

松岡はこのどうしようもない「遅延」を前提に――むしろそこに豊かさを見出し、その「開き」や「溝」と肯定的に向き合おうとしているのだといえるでしょう。松岡はシャノン的な（正確で高速な）コミュニケーションの外側の、いわばアナログなコミュニケーションに「編集」が関わると指摘しています。松岡は「編集構造」「エディトリアル・モデル」といった独自概念を用いておりすぐには理解しづらいのですが、シャノン型のコミュニケーションにおいて情報が正確に保持されようとすることに対して「情報が変化してしまうこと」や、情報が迅速に伝達されることに対して「情報が到達するのに遅延をともなうこと」がその特徴です。情報が迅速に伝達されずに遅延しているあいだに、その内容は変化してしまう。それは編集者による人為的な改変かもしれないし、経年劣化による崩落かもしれないし、情報が生き物のように成長してしまうことかもしれません。松岡が提唱する「編集的読書」はこの遅延と変化をともなう行為ということになるでしょう。

書かれていることをそのまま読み取るだけではなく、意図的に、あるいは意図せぬままに、読み換えてしまうこと。かつては「誤読」と呼ばれたような「読みかた」は、シャノン的なコミュニケーションを「正しい」ものとして、相対的に「誤っている」とみなされました。しかし、人間は機械のように正確かつ迅速に読み取ることはできません。仮にシャノン的な正確さや迅速さを目指したとしても何かを読むのには時間がかかりますし、何よりそもそも書き手が「書きたいこと」を正確に書き表せているとは限らない（むしろ思うように書けていないことのほうが往々にしてありえる）のです。

そしてひとりひとりの読者は無数の読者たちの集団のなかで読者をします。その集団のなかでのコンセンサスや、そのコンセンサスへの反発、コンセンサスへの細かい誤解を複雑に絡ませながら読書をするしかないのです。これは、読書を可能にしている言語というものがもともと多くのひとに共有され、日々運用されて、日々変化していることから、どうしても避けられない事態です。松岡はこの条件を積極的に肯定し、直視することで読者のある種の武器へと変化させようとして「編集」という概念を提唱しているのでしょう。

そのために松岡は人間と人間のコミュニケーション（社交）、人間とメディアのコミュニケーション（著者にとっての執筆、読者にとっての読書）における情報の変質や遅延を重視し、分析し、場合によっては介入していくのです。

少数派のなかの多数派と少数派

斎藤美奈子『趣味は読書。』——少数派としての読書家

松岡は「読書はたいへんな行為だ」とか「崇高な営みだ」と考えるべきではないともいっています。松岡にとって読書とは、ふだんわたしたちが当たり前に服を着て暮らしているような、日常的な行為であるべきだというのです。ただし、松岡にとって服飾は文化の重要な一部を担っており、「ファッションを楽しむように読書をするべし」という主張には気軽なだけではない重みがあります。

イギリスのメディア理論家ディック・ヘブディジはかつてその著書『サブカルチャー』で、パンクムーブメントの過激なファッションをイギリスの反抗的な若者文化の系譜の上に位置付けてみせました。ファッションは、日頃わたしたちが当たり前に脱ぎ着している服でもって思想を表現し、その思想のなかで生きる環境を構成しているのです。

文芸評論家の斎藤美奈子は『趣味は読書。』のなかで、読書を趣味にしているひとはそもそも少数派だと指摘しています。本書の冒頭で複数の統計を参照しながら、読書という趣味の存在感の薄さを示してくれています。

日本人が本（雑誌・マンガを除く）を読む時間は一日平均たったの九分。（略）一日二四時間のうち本を読む時間をもっている人は一二パーセントしかいないのだ（この人たちだけでカウントすると一日平均一時間一七分）。ちなみに「テレビを見る」は九二パーセント（一日四時間〇七分）、「新聞を読む」は四八パーセント（一日四六分）。「本を読む」とは比較にならない多さである。

以上を勘案すると、人口のざっと一割強――これが実用書まで含めた「習慣的に本を読む人＝読書人口」の実態に近い数字ではないかと思う。

（一六頁）

これはＮＨＫの調査について斎藤がまとめた箇所です。

「趣味は読書」というひとがそもそも少数派なのですが、その少数派のひとたちの多くが読んでいるのがベストセラー本なのです。『趣味は読書。』で斎藤はそんな少数派のなかでの多数派が読んでいるベストセラー書籍を次々に取り上げて紹介していきます。

ベストセラーを読んでいる読者たちが「少数派のなかの多数派」なのだとしたら、「少数派のなかの少数派」、つまり斎藤が書物について話す友人や知人たちは、ベストセラーをベストセラーであるという理由だけで毛嫌いしているといいます。せっかく「少数派のなかの少数派」になったのだから勝手に毛嫌いしても構わないのですが、斎藤は「あえてベストセラーを読む」選択をします。「少数派のなかの少数派」の、これまたさらに「少数派」になるわけです。

善良な読者と邪悪な読者

斎藤はベストセラーを読む読者たちを「善良な読者」と呼び、ベストセラーを毛嫌いしている「少数派のなかの少数派」、つまり自分たちを露悪的に「邪悪な読者」と呼びます。ベストセラーを毛嫌いする「少数派のなかの少数派」のなかにあって、さらに少数派である「あえてベストセラーを読む読者」になる斎藤はさしずめ「邪悪な読者のなかの邪悪な読者」ということになるでしょう。

では、ベストセラーを毛嫌いする少数派のなかの少数派や、あえてベストセラーを読む斎藤の、なにがいったいそんなに「邪悪」なのでしょうか。

ベストセラーを毛嫌いする少数派のなかの少数派が「邪悪」なのは、少数派のなかの多数派である読者たちが「善良」だからです。善良な読者「ではない」から、少数派のなかの少数派は「邪悪」なのです。

ではなぜ、「邪悪な読者」たちはベストセラーを嫌悪するのでしょうか。『趣味は読書。』を読んでいると、その理由がわかるような気がしてきます。ベストセラーの多くは構造が単純であり、その単純な構造で伝えられるメッセージが保守的で、こういってよければ大衆迎合的なのです。ベストセラーを無批判に読む読者は、「泣ける小説」に潜む社会的不平等やご都合主義を見逃し、おめでたいことに感動して喜んでいる。その結果、既得権益層の利益は安全なままにされてしまう。

ベストセラーを批判的に読む——少数派のなかの少数派のなかの少数派

こう書いてしまうと、斎藤が他の「少数派のなかの少数派」と同じように、ベストセラー本をベストセラーであるからという理由で嫌悪しているのと大差ないと思われるかもしれません。

『趣味は読書。』で斎藤は、さまざまな本を取り上げてはその構造を分析し、類書と比較し、「いい話」とされている物語が、実は何を踏みつけているかを指摘していきます。数十冊がなで斬りにされていきますが、しかしそれは単に嫌いなものを次から次へと罵倒していくのとはわけが違います。ベストセラー読者のなかにいるかもしれない少数派にむけて、秘密書簡のように、あるメッセージを送っているのです。

実際には『趣味は読書。』の元になった連載は「少数派のなかの少数派」をメイン読者として想定している平凡社のメディアに掲載されていたので、ある種の「ゲテモノ趣味」的な位置付けだったのではないかと思われます。しかし、売れていないだけで構造的には斎藤が批判するベストセラーと同じような作品も世の中にはたくさんあり、ベストセラー批判をしているようでいて、斎藤の批判は書物や物語全般にあまねく向けられうるものになっています。

そしてベストセラーの読者のなかにも、たまたま読んでいるものがベストセラーであるというだけで、批判的に読んでいる読者や、批判的な読みを理解しうる読者もいるはずです。斎藤の批判は、そのような「多数派のなかの少数派」にも届くものだと言えるでしょう。斎藤の提示してみせる読書の仕方は、オーソドックスな批判の手法です。その手法を学ぶことで、ベストセラーを読みながらでも読者は「邪悪」になることができるようになるはずです。

たとえば一九九七年にアメリカで刊行されたロバート・キヨサキ『金持ち父さん 貧乏父さん』は、いまでも自己啓発書の名作として読み継がれています。斎藤は『金持ち父さん 貧乏父さん』を読みながら、この本で書かれていることはほぼカール・マルクスの『資本論』と同じであると指摘します。両書の違いは、まず第一に読みやすさですが、それ以上に大きく異なっているのは著者の立ち位置です。マルクスは難解な概念を駆使して、資本家（持てる者）がどんどん裕福になっていく構造を指摘しました。マルクスの立場は、この構造のなかでないがしろにされる人々（持たざる者）は団結して立ち上がり、構造を打倒するべきだというものです。

『金持ち父さん 貧乏父さん』のほうはというと、やはり持てる者はますます裕福になって、持たざる者は不利な境遇に留まってしまうという構造を指摘しています。ここまでは『金持ち父さん 貧乏父さん』と『資本論』は類似しています。ただし、『金持ち父さん 貧乏父さん』では、この構造はどうしようもないのだから、なんとか持てる者になろうという立場がとられています。

『金持ち父さん　貧乏父さん』は現在も広く読まれていますが、一方でトマ・ピケティ『二十一世紀の資本』や斎藤幸平『人新世の「資本論」』など、資本主義の構造的問題を指摘する本もベストセラー入りするようになっています。「少数派のなかの多数派」たちもバカではないということかもしれません。

斎藤は『金持ち父さん　貧乏父さん』をマルクスの主張と比較して、『金持ち父さん　貧乏父さん』の読者が構造に無批判であり、そのために脱け出せない隘路にはまっていることを指摘します。批判の手法として、似た主張の別の例を用意して比較をしているわけです。そうすることで、似ているように思えた部分はズレを生じさせていることがわかります。松岡ならば「開き」や「溝」と呼ぶでしょう。このズレから、書物のなかに閉じられていたネットワークは他の書物、他の言葉へと繋がる枝を広げていくことができるようになるのです。

『挑発する少女小説』――少数派のなかの多数派のなかの少数派

『金持ち父さん　貧乏父さん』を読んで素朴に感銘を受けてしまう「少数派のなかの多数

派」。斎藤は、少数派のなかの少数派のなかのそのまた少数派として、「少数派のなかの多数派のなかの少数派」にも届く「読み方」としてマルクスとの比較を持ち出したといえます。『金持ち父さん 貧乏父さん』に感銘を受ける読者のうちのどれだけがマルクスに関心を示すかは問題ではありません。

『趣味は読書。』のほかにも、斎藤の読書のスタイルは一貫しています。たとえば『挑発する少女小説』では、文字どおり『小公女』や『赤毛のアン』『若草物語』といった、いわゆる名作の少女小説を取り上げながら、単なる「名作」としてこれらの作品を読んできた読者が思いもよらないような「邪悪」な読み方を披露しています。もっとも『挑発する少女小説』では斎藤は自分の読み方を「邪悪」とは書いていませんが。

「少女小説」とは、基本的には一〇歳未満から未成年期の女性を主人公に書かれた近代の作品です。幼児向けに編集された絵本やマンガ、アニメ化されたり、映画やドラマになっているものもあるので、あらすじを知っているひとも多いかもしれません。

たとえば『小公女』は、イギリスの植民地であったインドの裕福な家庭に生まれたセイラが本国の寄宿制学校に通いはじめるも、裕福な生活を支えていた父が急死してしまい没落するという物語です。利発なうえに甘やかされて育てられたセイラが、没落してなお精神の気高さを保ち、気丈に成長していくという作品であり、斎藤もこの作品を紹介するにあたってこの基本的な性格は否定しません。しかしセイラの出身地であるインドとイギリスの支配、被支配関係や、物語の途中で名実ともに「退場」してしまう父親の役割などへの言及を忘れません。

「裕福な少女が没落し、孤独な身の上ながらけなげに生き抜く」という物語のわかりやすさの裏には、その物語が作られた時代の社会的な問題が巧妙に織り込まれています。新興階級の婦人向け雑誌に連載された『あしながおじさん』は、良家の子女が身につけるべき「常識」を母親たちが学ぶという構造があったし、『アルプスの少女ハイジ』は売り出し中の観光地スイスと、帝国有数の近代都市との緊張関係に支えられていました。こういった事情は、単に「少女小説」として読んだだけではなかなか気づくことができません。

いちどその作品を読んだり、あらすじを知ったうえで、「わかりやすさ」がヴェールのように覆いかくしている醜く複雑なリアリティを知ることではじめて、裏側を知ることができるのです。

「わかりやすさ」のヴェールの奥にある時代性、社会性に触れるとき、まるで『侍女の物語』の主人公オブフレッドがクローゼットの片隅に刻まれた文字列を見つけたように、読者は作者や当時の読者たちとメッセージを共有するのです。その「意味」は依然としてわからないままかもしれません。そのメッセージを分かち合っているひとは周囲にはいないかもしれません。その意味では読者は「孤独」になります。しかし、そのメッセージを受け取った者として、顔も知らない誰かと同じ景色を眺めているのかもしれないのです。孤独だけれど孤独ではない、再読をする者だけが繰り返し訪れ、そこに立つことができる足場がそこにはあります。

自分が生きていくための環境を再構築する

不確かなネットワークのうえで

さていよいよ本書も最後が近づいてきました。これまで繰り返し書いてきたことですが、最後にあらためて振り返ってみましょう。なにしろわたしの文章は脱線が多く、ここまで読者が理路を辿って振り落とされずに読めているのかはなはだ心配なのです。

まず、わたしは「再読はしたほうがいい」という立場です。「読書はもとより再読である」とか「再読しなければ読書にならない」といった過激な主張も紹介してきました。なぜ「再読はしたほうがいい」のでしょうか。それは、再読をすることで読者は自分が何を求めているのかを自分で知ることができるからです。

本書で繰り返し述べてきた「ネットワーク」とは、書物がたがいに参照し合うこと、書物のなかにおいては言葉が互いに参照し合っていること、読者の頭のなかでは、読書をしているときもしていないときも情報が行き来していることをそれぞれのレイヤーで捉えようとするものです。そして、再読をすることによって書物どうしのネットワーク、言葉どうしのネットワーク、読者のあたまのなかの情報のネットワークは組み替えられます。

その組み替えは、「過去に読んだとき」と「再読するとき」との時間のズレを含みこみます。この時間のズレは「読者の生きた時間」です。再読をすることによって読者は自分の人生に向き合うことになるのです。

再読によるネットワークの組み替えを本書では「テラフォーミング」の喩えで説明しています。テラフォーミングとは地球外惑星の地球的環境への「作り替え」の計画です。単なるネットワークの組み替えといえばいいところを、あえてこうした大仰な呼び方をしようとしているのは、これがわたしたちの足元の地球の環境への反省的な眼差しを必然的に含むところと、夢物語と言われるほどの実現不可能性の高さが理由です。

再読をするとき、読者はその瞬間は目の前で開いて再び読む本と向き合っているだけですが、その再読には、手元で開いている当のその本だけでなく、むすびついてくる他の本の記憶が重ね合わされます。再読はまた、その読者にとっての再読ではありません。古典がその最たるものですが、ひとりの読者がその本を読むとき、無数のほかの読者が読んできたものをその読者もまた読もうと試みているのです。

テラフォーミングの夢物語としての側面は、読書の不可能性を指しています。文字や言葉はそこに無いものを読者の脳裏に呼び起こします。いわゆるノンフィクションであっても、ある言葉が指し示しているものはその書物のその言葉が書かれた場所にはありません。不在のものを脳裏に描いて結びつけていくことが読書です。しかし読者が正しく想像をしているのかどうかは誰にも確認することはできません。ひとつの単語、一冊の本をみても正しさは不確かなのに、読者は無数の書物のネットワークを構築しながら読書をします。そのネットワークは不確かさのうえに紡がれているのです。

孤独を深めることで、孤独ではなくなるという逆説

なぜそのような不確かなネットワークを作らなければいけないのでしょうか。と、問いを発したところで何かの罠に陥っています。読者は、意図するとしないとにかかわらず、それぞれの書物のネットワーク、言葉のネットワークを紡いでいます。なぜネットワークを紡いでいかなければいけないのか、ではなく、どのようにネットワークを紡ぐべきなのかを考えなければなりません。

本書の序盤でもふれたように、わたしたちは荒れ狂う土石流のような情報の濁流のただなかに生きています。情報に触れる機会を減らして生きることもひとつの手段ではありますが、厳選したつもりの情報がほんとうに良いものかどうか、判断材料もまた貧しくなってしまっては元も子もありません。

どのような情報のネットワークを築くのかという問いは、そのまま今後どのようなネットワークを築いて「いくのか」というプロセスの問題と同じことになります。常に情報の濁流に晒されて生きていく以上は、この問いの答えはつまり「どのように生きていくか」と同じものになるでしょう。テラフォーミングは、地球を離れて「生きていける」環境をどうしたら構築できるかについて研究し試行錯誤する試みです。情報の濁流とは、気候変動によって暮らしにくくなっていく地球の未来の姿であり、まったく生命が暮らしていけない天体の環境であり、生きるということを考える暇さえなく何かから目を逸らして暮らしているわたしたちじしんの、情報環境のあり方なのです。

「再読の方法」として提示した、カルヴィーノ、ナボコフ、松岡、斎藤それぞれの方法は、書物と書物のネットワークを読むこと、書物のなかの言葉どうしのネットワークを読むこと、以前に読んだときから再読するときまでの時間のズレを眺めること、そして「わかりやすさ」の裏を呑み込むことでした。

ネットワークやテラフォーミングだけでは十分に表現できなかったのが、「時間」という要素です。ふつうに考えると、読者は自分が生きているあいだしか本を読むことができません。再読をするときに思い出すのは、過去に自分が生きていた時間のことです。そしてそこには、その読者以外の、著者を含む無数の読者たちが生きた時間が重ね合わされます。『侍女の物語』のクローゼットに刻まれた文字列が「司令官」と侍女たちとで意味が異なっていたように、同じ本を再読してもネットワークが違えばメッセージは読み取ることができません。プラトンが文字について語ったように、そのメッセージが魂に刻まれるのには適切なタイミングが求められるのです。

そのメッセージを受け取ることで、読者は不在の誰かとメッセージを共有します。その誰かとメッセージを共有したことによって、読者は同時代の他のひとたちのネットワークのなかで少しだけ孤立します。少数派になるのです。現実の社会のネットワークのなかで孤立を深めることで、そこに不在の誰か（たち）とメッセージを共有して孤独ではなくなるというパラドックスがここにあります。これは、その読者が「自分が生きていくための環境」を再構築していることにほかなりません。

その「環境」が正しいものなのかどうかを判断する客観的な尺度はありません。読者じしんが自分で自分の生き方に向き合って、自分で考えるしかないのです。この本はその助けになれているでしょうか。本書の読者がそれぞれのネットワークを再構築して孤独になっていくプロセスの一助となれていたなら、わたしの目的はひとまずは達成です。

いま読み終わられるこの本もまた、あなたにいつかまた読まれることを待つことになります。いつかまた再読されるとき、読者は何を読みとってくれるのでしょうか。

おわりに

本書を書くにあたっては、本をあまり読まないひとにも、たくさん本を読むひとにも、楽しんでもらい、役立ててもらえるように身骨を砕いたつもりです。

楽しんでもらえるかどうかはさておき、役に立つのかどうかについては、ひとまず「役に立つ」ものにはできたのではないでしょうか。しかし、何かしらの目的をもって読書をするひとの、その目的は千差万別です。この多様性は、わたしは良いことだと考えています。だからわたしの書いたものがフィットしない読者もいるでしょう。問題はそのミスフィットではありません。問題は、誰かが何かのために読書をするのだとしたら、その「何かのために」とはどういうことか、というところにあります。

人生の究極的な目的は、などといえば壮大すぎると思われるかもしれません。しかし、ひとは刻一刻と生きる時間を過ごし、刻一刻と死に近づいていています。その一瞬一瞬をどう過ごすのか。ひとつひとつは些細な一瞬一瞬ですが、結局はその連なり、その積み重ね、その蓄積が人生なのです。一瞬一瞬をどう過ごすのかという問いは、人生をどう過ごすかという大きく思われる問題を嚙み砕いたものにほかなりません。

何かのために何かをするということ、たとえば仕事のために本を読むのでも、楽しみのために本を読むのでも、これはどんな人間にとっても人生の問題です。「何かのために」本を読むとき、読書をする時間はギャンブルの賭け金のように、あるいは投資のように、開かれたページのうえに投げ出されます。読書によって仕事ができるようになったり、読書によって楽しみを得られたならば、その読者は仕事で活かすことのできるスキルを勝ち取り、あるいは楽しい読書体験を勝ち取ったのだと言えるでしょう。

開いたページや、スマホやタブレット、パソコンのディスプレイのうえに、時間やお金が投げ出され、賭けの結果として楽しみや何かのツールが手に入る。この仕組みにわたしは関心があります。かつて、電車などの公共交通機関の乗客のなかに読書をするひとは珍しくありませんでした。現在では、ほとんどの乗客たちはスマートフォンを操作しています。紙か電子かという二項対立で世の中を眺めるならば、紙の書物からスマートフォンへとひとびとの手のなかのモノは変化したと言えます。しかし、それぞれの手のなかで、目の前に広がる平面に、ひとびとがそれぞれの時間を賭けていることは変わりません。

情報の濁流が問題なのは、情報の濁流のせいで、この賭け、このゲームで読者たちが何も得られなくなるからです。楽しければそれで良い、とうそぶいても、あるいは必死に勉強にいそしんでも、自分が何を求めていて、それをどうして求めているのか、それを知らないままでは意味がありません。意味などなくて良い、人生は虚しい、と言っても構いません。しかしそれはほんとうに退屈なのです。退屈で意味のない人生でも構わない、そういう意見もあるかもしれませんし、それはそれで否定はできません。しかし、読書が賭けだとして、その賭けとどう向き合うべきなのか、というのがわたしの当面の関心なのです。

『春琴抄』や『陰翳礼讃』を書いた前年、谷崎潤一郎は『蘆刈』という作品を発表しています。そのさらに数年前に関西へと転居していた谷崎は、この作品のなかで寂れた片田舎である山崎という土地を徘徊し、冒頭から『増鏡』『大鏡』などの古典を思い浮かべます。古典に描かれた世界と『蘆刈』の語り手（谷崎）の生きている世界とが二重写しにされるのです。

そもそも谷崎の『蘆刈』は、能楽の演目『芦刈』に題材をとった作品です（世阿弥作の『芦刈』は、さらにもっと古い古能を改作したもの）。現代では近代文学の古典とされている谷崎の作品を読むことで、読者は古典文学や古典芸能を谷崎とともに「再読」することになるわけです。

ここで言う「再読」は、ひとりの読者が同じ書物を繰り返し読むことを指すのか、ある作品が複数の読者に読まれ結果的に「繰り返し読まれている」状態を指すのか、あえて曖昧にしています。普通、「再読」はひとりの読者が同じ書物を繰り返し読むことです。その再読にももちろん価値があります。しかし、書物はもともと繰り返し読まれることをその本質として持っているので、書物の側にとっての「再読」を意識することも重要なのです。読書には、読者が読むという側面のほかに、書物が読まれるという側面があり、読書について考えるときにはその両面を見なければならないということです。

古典についていえば、「これまでさまざまに読まれてきたものを読者がまた読む」ということになります。これはいわば時間的な広がりのなかに「再読」が起きている現象です。対して、「同時代に自分以外も読んでいるひとがたくさんいる」というのがベストセラーを読むときの状況です。古典が時間の広がりのなかでの再読なのだとしたら、ベストセラーを読むことは空間的な広がりのなかでの再読ということになるでしょう。時間的な広がり／空間的な広がりという対比を、通時的／共時的と呼び替えてもいいかもしれません。

人生は単調な繰り返しとして知覚されますが、その一瞬一瞬は取り返しがつかないものです。生きているあいだに、ひとが目にしたり体験したりする出来事は川の流れのように過ぎ去り、二度と繰り返すことはありません。そのときどきの自分を、まるで服のように脱ぎ去り続けながら、ひとは生きています。

読書は、その取り返しのつかない出来事をまるであらためて体験するかのように味わうことを可能にしてくれます。トリスタン・ガルシアのいう「フラットな思考」は、そのあらためて体験するような出来事の新鮮さを取り去って、川をただ川として眺めようとするものだといえるかもしれません。

古典を読む体験は、ゆったりと流れる川を眺めるようなものですが、ベストセラーを読む体験は、川の喩えでいえば、ある川のなかで大波に挑むようなものです。同時代の、共時的な無数の読者の群れのなかに自分を見失ってしまうような体験。もちろん、古典を読み、川の流れを眺めているときにも、忘我の境地とでも呼べるような恍惚感はあります。「再読」には、読者の「自分」をバラバラに解体するような誘惑があるのです。

「再読だけが創造的な読書である」というとき、わたしが強調しておきたいのは、この解体の快感のあとに、読者が自分自身を組み立て直し、捉え直すことです。歴史の広がり、同時代の広がりのなかに自分を見失ってから、再び自分を捉え直すこと。読者が何者であり、何者になっていくのかということは、読書遍歴によって構築されうるし、それらの本をどう読んでいくのかで構成されていくのです。

さて、本書もまた多くの方々のお力添えで実現しました。何よりもまず、わたしのデビュー作であり、本書の兄弟的な位置付けにある『積読こそが完全な読書術である』を担当してくれた編集者、方便凌さんのお名前を挙げなければなりません。イースト・プレスから筑摩書房に移られて、ますます意欲的な作品を手掛けられているなかで、本書のアイデアをわたしにもちかけてくれたのは方便さんでした。今回も大幅な改稿の提案をくださり、おかげで本書は読者にとっていっそうわかりやすいものになったと思います。

次に、素晴らしい装幀をしてくださった水戸部功さん。社会のなかで書物が最初に人目に晒されるのは装幀です。いわば本の顔。その部分を『積読こそが完全な読書術である』に引き続き、水戸部さんに担当していただけるのは、まさに望外の喜びです。

このお二人は特別として、ほかにもひとりひとりお名前を挙げられませんが、執筆中の相談に乗ってくださった友人知人のみなさんの存在がなければ、本書は少しずつ異なった内容になっていたに違いありません。もちろん、本書に誤りがあった場合の責任は著者であるわたしの責任です。

一冊の本が世のなかに出ていくまでには、著者や編集者のほかに、版元の出版社の各部署、印刷所や製本、取次や書店、流通網の各局面を支えているひとたち、数えきれない人の手が介在しています。版元や書店に歴史があるように、印刷、製本、流通にも歴史があり、わたしが名前を知ることのない多くのひとの存在が欠くべからざるものとしてそこにあったでしょう。そしてひとたび本書が世に出れば、また多くのひとたちが本書を支え、運び、保管してくれるのです。まだ見ぬそのひとたちにもわたしは感謝しています。

最後に、本書を手にとって下さったすべての読者と、それ以上に本書を二度、三度と読んでくださる読者に謝意を表して、この「あとがき」を終えたいと思います。それではまたいつかどこかで。

二〇二三年二月

永田希

参考文献

マーガレット・アトウッド『侍女の物語』斎藤英治訳、ハヤカワepi文庫、二〇〇一年
ティム・インゴルド『人類学とは何か』奥野克巳、宮崎幸子訳、亜紀書房、二〇二〇年
メアリアン・ウルフ『プルーストとイカ——読書は脳をどのように変えるのか?』小松淳子訳、インターシフト、二〇〇八年
ケイレブ・エヴェレット『数の発明——私たちは数をつくり、数につくられた』屋代通子訳、みすず書房、二〇二一年
ミヒャエル・エンデ『モモ』大島かおり訳、岩波少年文庫、二〇〇五年
ダニエル・カーネマン『ファスト&スロー——あなたの意思はどのように決まるか?』上下巻、村井章子訳、ハヤカワ・ノンフィクション文庫、二〇一四年
イタロ・カルヴィーノ『不在の騎士』米川良夫訳、白水Uブックス、二〇一七年
イタロ・カルヴィーノ『木のぼり男爵』米川良夫訳、白水Uブックス、二〇一八年
イタロ・カルヴィーノ『まっぷたつの子爵』村松真理子訳、白水Uブックス、二〇二〇年
イタロ・カルヴィーノ『なぜ古典を読むのか』須賀敦子訳、河出文庫、二〇一二年
トリスタン・ガルシア『激しい生——近代の強迫観念』栗脇永翔訳、人文書院、二〇二一年
桑木野幸司『ルネサンス 情報革命の時代』ちくま新書、二〇二二年
後藤明『世界神話学入門』講談社現代新書、二〇一七年
斎藤美奈子『趣味は読書。』ちくま文庫、二〇〇七年
斎藤美奈子『挑発する少女小説』河出新書、二〇二一年

ラルフ・ジェームズ・サヴァリーズ『嗅ぐ文学、動く言葉、感じる読書――自閉症者と小説を読む』岩坂彰訳、みすず書房、二〇二一年
三宮真智子『メタ認知――あなたの頭はもっとよくなる』中公新書ラクレ、二〇二二年
ショウペンハウエル『読書について 他二篇』斎藤忍随訳、岩波文庫、一九八三年
ショシャナ・ズボフ『監視資本主義――人類の未来を賭けた闘い』野中香方子訳、東洋経済新報社、二〇二一年
セネカ『人生の短さについて 他2篇』中澤務訳、光文社古典新訳文庫、二〇一七年
ジャレド・ダイアモンド『銃・病原菌・鉄――一万三〇〇〇年にわたる人類史の謎』上下巻、倉骨彰訳、草思社文庫、二〇一二年
竹内薫『2035年火星地球化計画』角川ソフィア文庫、二〇一一年
谷崎潤一郎『吉野葛・蘆刈』岩波文庫、一九八六年
ロビン・ダンバー『なぜ私たちは友だちをつくるのか――進化心理学から考える人類にとって一番重要な関係』吉嶺英美訳、青土社、二〇二一年
ジリアン・テット『Anthro Vision――人類学的思考で視るビジネスと世界』土方奈美訳、日本経済新聞出版、二〇二二年
デュラス／コクトー『アガタ／声』渡辺守章訳、光文社古典新訳文庫、二〇一〇年
読書猿『独学大全――絶対に「学ぶこと」をあきらめたくない人のための55の技法』ダイヤモンド社、二〇二〇年
永田希『積読こそが完全な読書術である』イースト・プレス、二〇二〇年
ウラジーミル・ナボコフ『ナボコフの文学講義』上下巻、野島秀勝訳、河出文庫、二〇一三年
ウラジーミル・ナボコフ『アーダ〔新訳版〕』上下巻、若島正訳、早川書房、二〇一七年
野町啓『学術都市アレキサンドリア』講談社学術文庫、二〇〇九年

ユヴァル・ノア・ハラリ『サピエンス全史――文明の構造と人類の幸福』上下巻、柴田裕之訳、河出書房新社、二〇一六年
ビョンチョル・ハン『透明社会』守博紀訳、花伝社、二〇二一年
ビョンチョル・ハン『疲労社会』横山陸訳、花伝社、二〇二一年
松岡正剛『多読術』ちくまプリマー新書、二〇〇九年
ミシェル・フーコー『監獄の誕生――監視と処罰』田村俶訳、新潮社、一九七七年
プラトン『国家』上下巻、藤沢令夫訳、岩波文庫、一九七九年
プラトン『パイドロス』藤沢令夫訳、岩波文庫、一九六七年
ピエール・ブルデュー『ディスタンクシオン』I・II、石井洋二郎訳、藤原書店、一九九〇年
D・ヘブディジ『サブカルチャー――スタイルの意味するもの』山口淑子訳、未來社、一九八六年
松尾芭蕉／角川書店編『おくのほそ道（全）』角川ソフィア文庫、二〇〇一年
B・マリノフスキー『未開社会における性と抑圧』阿部年晴、真崎義博訳、ちくま学芸文庫、二〇一七年
アシュリー・ミアーズ『VIP――グローバル・パーティーサーキットの社会学』松本裕訳、みすず書房、二〇二二年
カンタン・メイヤスー『有限性の後で――偶然性の必然性についての試論』千葉雅也、大橋完太郎、星野太訳、人文書院、二〇一六年
矢沢サイエンスオフィス、竹内薫『人類が火星に移住する日――夢が現実に！　有人宇宙飛行とテラフォーミング』技術評論社、二〇一五年
ダンカン・ワッツ『偶然の科学』青木創訳、ハヤカワ・ノンフィクション文庫、二〇一四年
ダンカン・ワッツ『スモールワールド・ネットワーク――世界をつなぐ「6次」の科学』辻竜平、友知政樹訳、ちくま学芸文庫、二〇一六年

永田 希（ながた・のぞみ）
著述家、書評家。1979年、アメリカ合衆国コネチカット州生まれ。
書評サイト「Book News」主宰。
著書に『積読こそが完全な読書術である』（イースト・プレス）、
『書物と貨幣の五千年史』（集英社新書）。

再《さい》読《どく》だけが
創《そう》造《ぞう》的《てき》な読《どく》書《しょ》術《じゅつ》である

2023年3月20日　初版第1刷発行

著者　永田 希
発行者　喜入冬子
発行所　株式会社筑摩書房
東京都台東区蔵前2-5-3　〒111-8755
電話番号 03-5687-2601（代表）
装幀　水戸部 功
印刷・製本　三松堂印刷株式会社

ISBN978-4-480-81682-5 C0095